ひろしま 長ーく付き合える 地元の優良工務店

どんな家にする？
そんなとき……どこに相談しますか？

じっくりと丁寧な説明
些細なことにも対応してくれる
そして、長くお付き合いできる安心感

まずは
地元の工務店との出会いから
はじめませんか？

南々社　住まいの研究会

ひろしま 長ーく付き合える地元の優良工務店　もくじ

家づくりのヒント

08　ハウスメーカーとどう違う？
　　── 地域工務店の役割と実際に迫る！
　　広島大学大学院工学研究科　建築学専攻　准教授
　　角倉 英明

12　戸建て住宅のプラン作成のポイントとは
　　── 工務店の上手な活用法とプラン作成におけるマナー
　　ダブルスネットワーク株式会社　社長
　　若本 修治

16　住まいのかかりつけを持ちましょう
　　── 最期を自宅で安心して迎えるために
　　ほーむけあクリニック　理事長
　　小西 太

18　家づくりのトラブルを回避するには？
　　── 施主・工務店ともに大きな負担を抱えないために
　　山下江法律事務所　弁護士
　　久井 春樹

22　家づくりは森づくり
　　── 県産材を使う4つのメリットとは？
　　広島県農林水産局林業課

24　ホームインスペクションのすすめ
　　── 買う人にも売る人にも安心を届ける「住まいのカルテ」
　　広島県工務店協会

こんなお家ができました。

30 **CASE 1**
自宅で過ごせる時間を大切に
── 中庭を楽しむ家
加度商

38 **CASE 2**
快適・安心・安全な住まいづくり
木楽

44 **CASE 3**
築100年の古民家を、二世帯同居できる住まいに
K I works

50 **CASE 4**
収納も多く、家族がゆったり過ごせる風通しのいい家
幸住（アイフルホーム広島安芸店 / 広島呉店）

56 **CASE 5**
愛犬・愛猫と穏やかに、のびのびと暮らす家
しおた工務店（塩田工務店）

64 **CASE 6**
寒くて暗い築80年の古民家をカフェ風に
ジール

＊工務店の紹介は五十音順

ひろしま 長ーく付き合える地元の優良工務店　もくじ

こんなお家ができました。

70　CASE 7
ゴロンとくつろげる、畳リビングのある家を新築
大喜

78　CASE 8
人が集い、笑顔が広がる開放的な住まい
中谷建設工業

84　CASE 9
家事がしやすく、薪ストーブのある家を自然素材で
なごし住宅

90　CASE 10
定年をきっかけにリノベーション　2人で暮らす終の棲家
ハイランド・ハウス

96　CASE 11
子育ても趣味も楽しめる　漆喰とウォールナットの家
橋本建設

104　CASE 12
アメリカンテイストのインテリアで　おしゃれな住空間
マスダランドビル（エムズホーム）

110　「広島県工務店協会」とは？

快適な暮らしのために

112 センサー付き照明で、暮らしを便利＆快適に！
丸一電設工業有限会社

114 三大産地の一つ「石見」で聞く
──　石州瓦の魅力
石州瓦工業組合

116 「木と暮らす
──　木製玄関ドアの魅力」
ユダ木工株式会社

118 木の力を引き出し、適材を適所に
株式会社 小城六右衛門商店

家づくりのヒント

家づくりのヒント

広島大学 角倉 英明 准教授に聞く

ハウスメーカーとどう違う？
——地域工務店の役割と実際に迫る！

広島大学大学院
工学研究科
建築学専攻
角倉 英明 准教授

すみくら・ひであき。1977年東京都生まれ。2008年東京大学大学院工学系研究科建築学専攻修了。博士（工学）。国土技術政策総合研究所住宅研究部住宅生産研究室、（独）建築研究所建築生産研究グループなどを経て、2016年より現職。専門分野は建築生産・建築構法。

注文住宅を建てようと思ったとき、顧客はどこに注文しようと考えるでしょうか。代表的なのは「ハウスメーカー」と「工務店」ではないでしょうか。どちらも、家を建てたい人の依頼に応じて設計プランを立て、家をつくり上げる点で変わりはありませんが、どこに違いがあるのでしょうか。その人にとってはどちらが合っているのでしょうか。ここでは、それぞれの異なる点や選ぶ際のポイントなどについて、広島大学の角倉英明准教授に話を伺いました。

■工務店とは？

工務店の「工務」とは、工事をつかさどる（＝マネジメントする）ということを意味し、国内では昔から棟梁（親方）がいて、建築に関するすべてを取り仕切ってきました。簡単に言えば、この棟梁が発展した形が工務店であり、職人や専門の工事業者を取りまとめて工事を施工する業者（会社）のことを指します。

こういった工務店は規模が大きくなく、分業度合いが低いため、注文住宅をつくる際に契約・設計・施工・引き渡しまでのすべて、もしくは各場面のいずれかに必ず社長（代表）の存在があります。そのため、社長と顧客（施主）が各場面で直接やり取りを行い、両者の接点が明らかに濃密なことが最大の特徴です。

戦後、420万戸の住宅が不足していた国内では、昭和20年代半ばから建築関連の法整備が進み、建築の産業としての基礎が築かれていきました。そんな中、技術を磨いた大工や棟梁が社長となって組織をつくり、工務店の看板を上げていきました。そうやって戦後に登場した工務店は、現在では二、三代目の時代になり、職人にならずに大学出の人が跡を継ぐようになっています。

かつての工務店は、工事をする技術や能力は高いものの、設計力やデザイン力が不足している点が指摘されていました。しかし、現在の工務店は社長自身が大学の建築学科でデザイン教育を受けていたり、社内に専属の建築士を置いている会社も多く、設計やデザインの面でも劣ることなく品質も性能も良い住宅づくりをしている会社が数多くあります。

工務店は、工事を下請け会社へ丸投げすることもなく、長く深い付き合いの職人と協力しながら、自社の目の届く範囲で工事を着実に進めていきます。そうすることで管理が行き届くため、品質の良い住宅が出来上がります。また、設計や施工を自社で

「工務店」と「ハウスメーカー」の違い

	工務店 「オーダーメイド型」	ハウスメーカー 「チョイス型」
メリット	● オリジナリティ （柔軟性があり自由度の高い設計等が可能） ● 緊急時の対応の早さ（地域密着型） ● きめ細やかな対応が可能 （企画・施工・アフターまで） ● 希望が実現しやすい （最後まで同じ担当者の場合が多い） ● 注文住宅向き （基本的に自由設計で施工の制約がない） ● コストパフォーマンスに優れる （広告・販促費が多くないため）	● 経営が安定（会社規模が大きい場合が多い） ● ブランド力・信頼感（社会的信用） ● イメージがしやすい （モデルハウスやカタログなどの素材が豊富） ● 提案の早さ・分かりやすさ （企画力・デザイン力が安定） ● 品質が安定（資材・納まりなどが規格化） ● 工期が短め（プレハブ工法の導入等） ● アフター・保証サービスが充実
デメリット	● 経営面の不安（会社規模が小さい場合が多い） ● 家のイメージがつかみづらい （展示場やモデルハウスがないことが多い） ● 設計内容が決まるまで時間がかかりやすい （各メーカーのショールームに足を運ぶ等） ● 工期が長くなりやすい （職人の手加工が多く残っている等） ● 資金面の提案力が弱い場合がある （住宅ローン） ● デザイン性の幅が狭い場合がある ● 具体的な夢やイメージがないと家づくり自体が進みにくい	● 融通が利きづらい面がある （プランから選ぶため） ● 契約後のオプション変更・追加の場合に原案から割高になる可能性が多い ● 担当者が変わる場合がある （分業が進んでいる、異動等）

行えば、設計料も外注の経費などがかからないという価格上のメリットもあります。

■工務店とハウスメーカーの違いは？

　工務店では、顧客が希望する製品や材料を組み合わせることや、建築家の考えを十分に取り入れることができます。例えば、気に入ったシステムキッチンを使うことやオリジナルキッチンをつくることも可能です。顧客と膝を突き合わせながら一緒につくるからこそ、プランの自由度や柔軟性が高く、顧客の希望をかなえやすいのが工務店の家づくりの特徴です。

　ハウスメーカーとは全国規模で広く展開

家づくりのヒント

広島大学 角倉 英明 准教授に聞く

する住宅会社のことで、企業規模も大きく、きっちり規格化して、商品として住宅をつくったり売ったりします。ハウスメーカーの多くは、住宅展示場に自社のモデルハウスをオープンしています。その点、工務店はある程度の決まりや得意不得意はあるものの、間取りや外観などのプランを顧客と一緒にゼロからつくり上げることができます。

ハウスメーカーは「大人の組織」であり、細かくルール（規格）が決まっているため、不安定なことが起きにくいのがメリットです。例えば、省エネや耐震などの住宅の性能に関しては、国が誘導している高い水準を目指していることが多く、平均点が高くて性能のバラつきが少ないという安心感があります。一方で、通常、用意されている住宅商品から選ぶため、ある程度の変更はできるもののどうしても制約があります。

これらを克服するさまざまな取り組みが行われていますが、工務店に比べると、自由度は低くなり、住まいへの思いやこだわりが具体的で細かく強い人には、希望にぴったり沿った住宅商品には出合えないこともあるかもしれません。

■工務店に依頼するメリットとは？

会社の社長（代表）に直接会ってコミュニケーションが取れ、人間関係を築いていけることが工務店に依頼することの最大のメリットです。「社長の顔が見える」。これほど顧客にとって安心感があることはないと思います。

また、住宅づくりは現場での対応力がものを言います。社長がその場で即断できる柔軟性やスピードはハウスメーカーより高く、デザインされた住宅をつくる職能を使いこなせる力も、顧客が望む空間をつくり上げる可能性が高いのも工務店の特徴の一つです。こうした工務店の住宅づくりは、個性や自分らしさを求める現在の流れにより合っていると思います。

さらに、良い工務店に共通するのが、アフターメンテナンスがしっかりしていることです。地域に密着して顔が見える住宅づくりをしているからこそ、工務店は住宅とともに顧客を大切にし、それが将来のリフォームにもつながっています。

■工務店が地域コミュニティで担う役割とは？

「住まいで困ったことは何でも相談できる」「家の完成後もきめ細やかに密度の濃いメンテナンスをしてくれる」「住宅を建てたいけど土地がないという人のためには

不動産の仲介や斡旋まで行う」。現在では、そんな工務店も珍しくなくなっています。

国内では昔は多くの住まいが貸家だったため、オーナーはいるものの、建物の管理は「家守(いえもり)」と呼ばれていた職人である大工などに任せられていました。現在では新しい家守の形が生まれ、不動産の橋渡しからメンテナンスまで、工務店が幅広い役割を担っています。そうした形がこれから根付いていく可能性が高いと思っています。

さらに、全国に標準的な住宅をつくるのが全国規模のハウスメーカーなら、地域の景観を形づくる役割を担うのが地域の工務店です。広島の住宅には、東京などの大都市と同じではなく、地方の独自性を打ち出してもらいたい——。工務店が地域の住環境づくりの主役になってもらわなければ、工務店の存在理由は薄れていくと考えます。災害時の対応においても、現場の最前線で活躍し、主役的な立場になれるのは地元の建設業者です。こういった工務店は、地域にとってなくてはならない存在なのです。

■工務店を選ぶときのポイントは？

近年では、工務店もハウスメーカーも実際にかかる費用の差はほとんどないと思います。工期については、工務店に比べればハウスメーカーのプレハブ工法や2×4工法でつくる家は明らかに早くなります。しかし、工期が短ければよいというわけではなく、きちんと工期が決まっていて、約束通りに引き渡せるようにマネジメントできることが大切です。

ハウスメーカーは、すべてにおいてルールを細かく決めているため施工の品質やメンテナンス対応でバラつきが少ないのに対して、工務店は、品質や建てた後の対応でハウスメーカーの水準を備える会社や、それとは全く逆の低いレベルの会社があったり、一言で言えば大きな格差があります。広島県工務店協会など業界団体に加入しているような意識の高い工務店であれば、常に新しい情報や技術に触れたり学んだりする機会があり、国の基準や動向も十分に把握しています。これらも、工務店を選ぶ際の一つの目安になると考えられます。

工務店は、基本的に地域に根ざして「家」を建てています。そのためには、地域や顧客といかに信頼を築いていくかが大切です。「家を建ててからが仕事である」と多くの工務店は話します。顧客を大切にし、アフターサービスに力を入れ、地域とどう関わっているか。さらに、住宅を介して家族の暮らしにどう関わっているのか。そうした観点で選んだ工務店は、単に住宅ではない「家」をつくることができるはずです。そして、かかりつけの医師のように、一生付き合っていける家のホームドクターのような頼もしい存在になってくれると思います。

一見して敷居が高そうに感じる方が多いようですが、そんなことはありません。多くの工務店に足を運んで自分が信頼できる会社を見つけましょう。そうすれば、工務店との長い家づくりが可能になり、これほど素晴らしいことはないと思います。

家づくりのヒント

ダブルスネットワーク 若本 修治 社長に聞く

戸建て住宅のプラン作成のポイントとは
——工務店の上手な活用法とプラン作成におけるマナー

ダブルスネットワーク
株式会社
若本 修治 社長

わかもと・しゅうじ。1960年山口県周防大島町生まれ。1984年福岡大学工学部建築学科卒業。店舗設計施工の中堅企業「布谷」入社。1991年住宅リフォームの全国チェーン「ミスタービルド広島」スーパーバイザー。2001年ダブルスネットワーク創業。現在、新築住宅の業者選びや競争入札などを行う地域密着型ビジネス「住宅CMサービス広島」を展開。明石家さんまの「ホンマでっか!?TV」（フジテレビ系列）に「戸建て住宅評論家」として出演。中小企業診断士。インテリアコーディネーター。

自分の家を建てることは人生の一大イベントですが、そのために信頼できる情報を入手することは意外と難しいのではないでしょうか。では、工務店にプラン作成を依頼するときに気をつけたいルールやマナーはどんなものがあるのでしょうか。新築の一戸建て物件で施主と業者のいわば「仲人役」を生業としている、ダブルスネットワークの若本修治社長に工務店の上手な活用法などを伺いました。

■ 安全のために「間取り」に注意を

　建売りであれ注文住宅であれ、新築の家は多くの人にとって人生最大の買い物です。保険や住宅ローンのように簡単に切り替えられるものではなく、長期間にわたって生活面・資金面で自分が買った家に縛られることになります。

　一戸建て住宅であれば老後も同じ家に住み続けることになりますし、子育ての時期から子どもたちが独立して夫婦だけの生活、そして、伴侶が亡くなってからの独り暮らしになるまで、同じ家に暮らし続ける可能性は高いのではないでしょうか。ですので、新築を検討する段階で、しっかりと間取りなどを検討する必要があります。

　住宅づくりでは、自由設計で注文住宅の方が多いですが、間取りが自由になる代わりに「使い勝手が悪い」「建築コストが高くつく」「エネルギーロスが多い」「地震などに弱い」間取りなど、プロから見れば残念と言わざるを得ない間取りが少なくありません。ファッションなどと同じで、購入者の希望に合わせてオーダーすればするほど全体的なバランスは崩れてきます。

　震度7の地震が2回もあった熊本地震では、2000年以降に施工された新しい耐震基準の家でも、倒壊した事例が出て専門家を驚かせました。調査が進むにつれて、1階と2階の柱の位置（上下階の柱が重なる率＝直下率）や、耐震性能で重要な壁の位置（筋交いのある壁＝耐力壁）が上下階でずれているなど、間取りが原因で倒壊した例が多く見つかりました。

20帖以上の広い居室（LDK）の上に子ども部屋や寝室などがある場合、少なくとも壁の位置がずれている場合に注意が必要です。さらに注意したいのが、リビング階段にして大きな吹抜けをつくりたいという場合です。大きな吹抜けがあるとそこには柱も壁もないため、垂直荷重に問題がないように思えても、地震や台風による強風などの「水平力に対する強度」を考えなければなりません。

■ 屋根形状など外部環境にも留意しましょう

ネットの情報は売り手側のものがほとんどのため、ある意味、誘導されやすい特徴があります。ですので、立地や耐震、省エネに注意が必要と考えます。外壁は総延長が長いほどコストが高くなり、建物がコンパクトなほど省エネで安全です。また、全く同じ間取りであっても屋根形状を変えるだけで外観の印象が大きく変わりますし、屋根だけでなく窓の大きさや位置、バルコニーの有無や外壁仕上げを変えるだけで、全く異なる家に見えてきます。

屋根の形状は大きく分けると、「切妻屋根」「寄棟屋根」「片流れ」「入母屋」があります。新築で最も一般的なのは切妻屋根で、建物は三角の屋根勾配が見えて、「妻」と呼ばれる側面の壁がホームベースを上下にしたような形状です。側面の妻部分を斜めにカットしているため「切妻」と呼びます。

また、プレハブ系の大手ハウスメーカーに多いのが寄棟屋根で、屋根の一番高い部分を「棟」と呼び、そこに向かって四方の屋根が寄せている形状です。大手ハウスメーカーに多い理由として、道路斜線や北側斜線など住宅地の良好な環境を守るための斜線制限が大きいためと思われます。自由度の高い工務店や設計事務所であれば、敷地ごとにどのような屋根形状でも柔軟な対応が可能ですが、大量生産で年間数千〜数万棟の住宅供給をしている大手ハウスメーカーは、第一種低層住居専用地域などの斜線制限が厳しい土地でもプランの中から選べるように、屋根形状も標準化して寄

戸建のプラン作成の外部環境ポイント

①敷地条件を把握しよう
道路や方角／近隣への配慮／窓から見える景色

②建物の配置を考えよう
駐車場の位置／玄関位置／隣棟間隔

③建物の外観をイメージしよう
玄関は建物の顔／通りから見たシルエット／屋根形状と外観

家づくりのヒント

ダブルスネットワーク 若本 修治 社長に聞く

棟屋根であれば、どのような敷地でも制限をクリアできるためです。

最近では、屋根形状で個性を出すケースが増えており、また、ソーラー発電用にできるだけ屋根面を広く取るため、片流れ屋根を採用するケースも増えています。住宅展示場などではさまざまな屋根形状を見ることができますが、実際にはシンプルな形状で、重力に逆らうことなくスムーズに雨どいまで雨や雪が流れていく、一定以上の勾配がある屋根がおすすめです。意外と、雨漏りなどのトラブルは屋根形状に起因しているのです。

■ 優良工務店との家づくり——A様宅の事例

もともとは広島県外にお住まいだったA様の事例を紹介します。A様は、広島で家づくりの計画をはじめた当初は、居住地近くに展示場がある大手ハウスメーカー数社を検討していました。しかし、自分で勉強している中で生じた疑問を営業マンに質問したところ、自社商品以外の基礎的知識さえないことに驚いたといいます。

広島で家を建てる際に当社のサービスが受けられると知ったA様からは、大手と比較検討するために当社に問合せをいただき、「老後のためにエレベーターが必要かどうか」「広めの食品庫がほしい」といったご相談がありました。当初は平屋建てを提案しましたが、結局は2階建てになり、最終的に当社のサービスを通じて地元の優良工務店との家づくりを選択されました。

A様の住宅は、エアブレスミニ（床下基礎暖房）を装備したオール電化住宅で、高気密・高断熱にも優れ、冬は暖かく夏はエアコン1台でも涼しい省エネ住宅です。床下暖房は晩秋にスイッチをONにして初夏にOFFにされるそう。これほど暖かいのであれば「結露はどうですか？」と率直に質問してみると、風呂のドアには多少あるものの、ほかには全くないということです。また、寒さによる鼻づまり等によりこれまで年に数回夜に息苦しさを感じていたのが

全くなくなったと喜んでおられました。

　間取りは、奥様が考え抜かれた家事動線を優先し、玄関は来客用と家族用の2つを設置しています。来客用玄関には、奥様の豊かな感性が表現された素敵なインテリアが飾られており、家族用玄関には隣に大きなシューズクロークがあります。

　家の本当の価値は、住みはじめての快適さや使い勝手の良さ、そしてつくった人たちとの良好な人間関係が長く続くことだと考えます。また、家をどの季節に建てるかも大事なポイントです。基礎の建設や棟上げなどは天候と相談しながら工事が進められますが、温度や湿度などそれぞれに適した季節に工事を当てはめると、家づくりがよりスムーズになるのです。

■ プラン作成を依頼するときの大事なポイントとは

　注文住宅では、全く形がないところから施工先（工務店など）を信頼してお願いせざるを得ません。施工側が「自分たちの要望をしっかり間取りに反映させてくれるか」「欠陥のない確かな品質で完成させる技術力があるか」「初期の建築コストだけでなく、将来の維持・管理費用もコストパフォーマンスに優れているか」ということを、素人である施主が判断しなければならないところに難しさがあります。この3つの条件こそが、「必要十分条件」になると考えます。

　そこで、判断する材料として「過去に施工側が担当した顧客の竣工図を見せてもらう」というのが、その会社の実力や、図面・情報を整理する力を最も垣間見ることができます。完成した建物の「成果物」でも力量を測ることができますが、どの業界でも、途中のプロセスや協力業者にどのような形で指示しているかなどが大切で、建築業界では「施工側の竣工図を見て相談者に説明ができる」ことが、説得力を高めるともいえます。完成建物だけでなく、設計や施工段階のプロセスを開示できるかどうかで、会社の姿勢や力量を測ることができるのです。

　最後に付け加えますと、施主側の心構えやマナーとして大切な点として、設計にはある程度の手間と費用がかかっているということを理解することです。現在では、無料でプランを立てることに慣れている傾向があり、設計事務所を訪れても同じような要求をするケースも見受けれられます。良いものをつくるには、それ相応の費用を支払う覚悟と感謝の意は伝えましょう。お互いを尊重する気持ちが伝わってこそ、いい家づくりにつながるのです。「ただほど高いものはない」という言葉もありますから。

家づくりのヒント

ほーむけあクリニック理事長 小西太 医師に聞く

住まいの「かかりつけ医」を持ちましょう
——最期を自宅で安心して迎えるために

現在、国の調査では、最期を迎えたい場所として「自宅」を選ぶ人は半数を超えているそうです。自宅で終末期を暮らす際に本人が気にかかる点として「家族などの負担」という回答が最も多い一方で、現実には家族での話し合いはほとんど進んでいないのが現状のようです。そのきっかけに家づくりを活用するのもアイデアの一つではないでしょうか。最期を見据えた家づくりのために何をしておくべきかなどについて、ほーむけあクリニック理事長の小西太医師に話を伺いました。

ほーむけあクリニック理事長
小西 太
こにし・ふとし。
1965年広島市生まれ。広島大学大学院医学系研究科博士課程修了。県立広島病院、世羅中央病院、広島大学病院、愛媛大学病院、安芸市民病院などを経て、2005年に広島在宅クリニック(広島市)開設。2017年より現職。長年、在宅医療に力を注ぐ。

■「終の住処」を見据えた話し合いを

　20～30歳代で家を新築する人が「人生の最期を考えて設計したほうがよいですよ」と言われても、なかなかピンとこないのではないでしょうか。高齢になって体が動かなくなっていくことを想像する難しさや、家族構成の変化の可能性などもあるでしょう。では、50～60歳代ではどうでしょうか。いわゆる「終の住処」になる可能性が高い家を整備するにあたって、自分の最期を見据えた家づくりができるでしょうか。

　現在、国は高騰する医療費の抑制に向けて「病院から在宅へ」の施策を推進しています。2017年に在宅医療を受けた患者数は1日当たり推計18万人に上り、1996年の調査開始以来で最多となりました。「そのとき」が訪れるまでの人生を医師や看護師、家族などがケアを行い、本人が自宅で少しでも穏やかに過ごすことができるよう促す「ターミナルケア」への関心が年々高まってきています。

　終末期に一人ひとりの多様性を受け入れる、在宅ターミナルケアに長年取り組んできた小西医師は、「例えば、ご夫婦のどちらかが寝たきりになったときをイメージしながら、家の空間づくりを考えてみたり、話し合ってみたりすることもよいのではないでしょうか」と話します。こうした、家づくりを考えていく上で頼りになるのが、地域工務店などの「住まいのかかりつけ医」です。

　また、生命保険の中には「リビング・ニーズ特約」という、被保険者が医師の診断で余命6か月以内と判断された場合、生存中に被保険者が死亡保険金などの一部、または全額を前払で受け取れるものがあります。その場合は金額の使い方に制限がないため、保険金で家をリフォームすることができ、安心のプランではないでしょうか。

■ 看取りやすい空間とは？

「ターミナルケアでは、患者さんの望む場所で最期を迎えられるよう、現場が工夫しています」とのことで、いわゆる"看取り"に関して、家に特別な条件があるわけではありません。しかし、医療を提供しやすい空間が望ましいという面はあるのではないでしょうか。

まず、「ベッドをどこに置くか」。背中のリクライニングや、膝の位置やベッドの高さを調整できる電動ベッドを置くことができ、両サイドに介助がしやすいスペースがあることが理想的です。和室は、畳が汚れると腐ってしまう可能性があるためあまり適しません。また、畳に布団のスタイルだと体の力が弱くなると立てなくなり、歩けなくなるのが早まる可能性もあります。

次に、「ドアや廊下の幅」です。車椅子が通れる幅があっても、方向転換ができるかどうか。戸が開く方向や、トイレなども重要です。小西医師によれば「最期までトイレに行って用を足したいという高齢者は一定数いる」そうで、居室とトイレが近い方が適しており、ある程度の広さも必要です。また、「一般的な住宅のトイレの広さでは、介助は難しい」（小西医師）そうで、「トイレで倒れた患者さんが隙間にはまってしまい、動けなくなる事例は多い」といいます。トイレは、車椅子で横からアプローチできたり、介助者が入れるだけのスペースがあることが望ましく、あらかじめそのような間取りにしておくか、もしくは取り払うことができる間仕切り壁を検討しておくといいでしょう。

最後に、車椅子生活の場合には、玄関前のアプローチに設けられた階段が高いハードルになります。スロープを設置できるだけのスペースがあればよいのですが、もしなければ、リフト（昇降機）などを設置しなければ一人での昇り降りは難しくなるでしょう。

■ 公的な住宅プランを活用しましょう

納得できる最期を迎えるためには、高齢者の健康状態の変化に対応してサポートを受けやすくする住宅が大切です。国土交通省住宅局は、医療や介護などの在宅サービスに配慮した住宅をプランニングする際の工夫をまとめた「在宅サービスに対応した住宅を考えるヒント(案)」を公表しています。新築やリフォームを検討している人は、介護保険を活用した住宅改修や自治体独自の補助制度などもあるので、お住まいの自治体で確認してみてください。

年間約137万人という死亡者数は、2040年には160万人に急増する見込みで、誰もが在宅医療を利用する可能性があります。国は、人生の最終段階における医療やケアについて、家族と医療・ケアチームが繰り返し話し合う取り組みの「ACP(アドバンス・ケア・プランニング)」を推奨し、「人生会議」という呼称で普及を図っています。

将来の先にある最期を見据え、家族はもとより気心の知れたかかりつけ医（身体的）や、「住まいのかかりつけ医」としっかりコミュニケーションを取っておくことが、安心して老いるということなのかもしれません。

家づくりのヒント

家づくりのトラブルを回避するには？
―― 施主・工務店ともに大きな負担を抱えないために

■ 注文住宅でよくあるトラブルと対処法を教えてください

予算超過
「引き渡し後に、契約代金とは余分に追加工事代金を請求された」

　契約書にない代金は原則支払う必要はないというのが、教科書的な解釈です。しかし、工務店側が勝手に追加工事をすることはあまり考えられず、「こういう工事をするから、この金額を払ってくれ」というようなやり取りがされていることが多いかと思います。口頭でも契約は成立するので、もしこうしたやり取りの中で合意している場合には支払いの義務はあります。反対に合意した事実が全くなければ、原則、支払う必要はありません。

　トラブルになるのは、合意内容が微妙に食い違っていたり、合意内容が曖昧だったりする場合だと思います。建築基準法では「追加工事についても書面を交わしなさい」という記載があります。また、書類を交わさないとの不利益は工務店側が被ることが多いため、本来は、工務店側が積極的に書面を残すべきです。トラブルにならないようにするためには、施主側も書面でのやり取りを工務店側に促して、自分で保存しておくことが望ましいでしょう。

工期の遅れ
「引き渡しが大幅に遅れ、仮住まいや引っ越しの費用がアップした」

　工務店側に責任があって予定の引渡し時に入居できないというのは、契約違反です。予期できない天災などが来てしまった場合は例外ですが、履行遅滞（りこうちたい）（故意または過失によって自分の債務を履行しないこと）による損害賠償請求が可能で、仮住まいの賃料や引っ越し費用の増加分なども含めて請求できる余地があります。一般的には、工事請負契約書に遅延の場合の計算式も記載されていると思いますので、それに準じた額を請求できます。

　ただし、契約書に違約金を定めている場合、原則、違約金額以上に損害が発生してもその損害賠償は請求できないことになります。また、引き渡しが遅れたことについて、工務店側に全く落ち度がない場合は損害賠償請求ができません（落ち度がないことは工務店側が立証する必要があります）。豪雨や震災などにより仕入先や運送会社などが被災して調達が遅れた場合などは、個別事情を判断することになるかと思います。

契約と異なる施工
「引き渡し後に欠陥が判明した」

　施主からの依頼による仕様変更ではなく、工務店側に責任があって設計図や仕様書と明らかに違うものできた場合は、以下の請求をすることが考えられます。この工務店が負う責任を、瑕疵担保責任（かし）といいます。

家づくりは、ほとんどの人にとって一生に一度あるかないかの経験です。しかも、かなり高い買い物のため、誰もが建てる前には不安や心配があるのではないでしょうか。
「工期が大幅に遅れた」「完成後に雨漏りがする」「思ったイメージと違う」など、せっかく完成した後に困ったことにならないために、よく起きるトラブルやそのトラブルの回避策などについて、住宅問題に詳しい山下江法律事務所の久井春樹弁護士に話を伺いました。

1. 発注した工務店に対して、契約通りに直してもらう
2. 他の作業者を雇いなおすなどして、追加費用を発注した工務店に払ってもらう

上記の請求をする場合は、発注者側が完成した家に欠陥等があるかどうかを立証しなければなりません。つまり「契約に沿っていない欠陥があるじゃないか」という証拠を、施主側が示す必要があります。建築の素人である施主がそれを行うのは難しいはずですから、現実的には、トラブルになった場合に専門家である第三者に依頼することになると思います。

美観の問題
「仕様通りだが、仕上げが雑で見るに耐えない」

安全上や建築基準法に沿わない欠陥についてはある意味分かりやすいのですが、問題となるのは「クロス（壁紙など）の貼りにムラがある」「床の色が指定の色と微妙に違う」などの、美観的なトラブル等です。これらの多くは、機能や安全性の問題でなく好みの問題ですから、瑕疵と捉えにくいと思います。そのため、安全上や建築基準法に沿わない欠陥があった場合に比べると、請負人の瑕疵担保責任を追求するのは難しいでしょう。

そのため、改めて前述（予算超過）に照らして、発注者の指図や注文と相違がないかを証明する必要があります。具体的には「この部材やこの色を使って、このように施工する」というような、仕様・指示書などを文書で明確に記録しておくとよいでしょう。

一方で、こうした構造上の瑕疵でない仕上げなどのトラブルに関して、工務店の中にはアフター保証や短期保証などの名目で保険をかけ、保険の範囲で対応している業者もありますのでご確認ください。

■ どうすればトラブルを回避できますか？

「契約書や約款などをよく理解して契約する」

契約の前には、工務店と何度も打ち合わせをして見積もりが出ているかと思います。1軒の注文住宅をつくるにあたっては、非常に多くの仕様やプラン選択の機会があると思いますが、丸投げをせずに、発注者意識を持ち、明確な意思を持って選択することが重要と思います。

また、契約段階では少なくとも工事請負契約書のほかに、約款・見積書・設計図書が工務店側から示されて説明があるはずです。それらをよく読んだ後にサインするようにしましょう。なお、契約書・約款では特に以下の点にご注意ください。

・価格と仕様
・工事完了日と引渡し日
・支払い日
・ローン特約とキャンセル
・瑕疵担保保証とアフターサービス期間
・引き渡しが遅れた場合の違約金

家づくりのヒント

家づくりのトラブルを回避するには？
――施主・工務店ともに大きな負担を抱えないために

「『設計・監理業務委託契約』の後で『工事請負契約』を結ぶ」

　工務店やハウスメーカーに注文住宅を依頼する際には、設計・監理と施工をまとめて同じ会社に発注するのが一般的です。その場合、仮プランのままで設計・監理と施工を含めた形で工事請負契約を締結して、契約後に詳細プランを詰めていくことが多いかと思います。

　添付する図面・仕様書は仮のものですから、工事代金やスケジュールなどを確定させるべき重要項目も大雑把になりがちです。トラブル回避のためには、たとえ一つの工務店に設計・監理・施工を依頼する場合でも、先に設計契約を結んで、細かな内容が煮詰まった後で工事請負契約を結ぶことが適当だと思います。

「記録を残す」

　口頭でのやり取りでも、当事者同士で合意していれば契約の変更は成立します。当初の内容から変更があれば、その都度に契約書も改めるべきですが、現実的には難しいと思いますので、覚書きやメモなどをお互いに書面で残すことが重要です。メールのやり取りでも大丈夫です。

　また、双方で合意した書面がなければ、自分で書いたメモや、電話や打ち合わせの録音でも有利な証拠となる場合があります。こまめに工事現場を訪れて、現場の様子や工事の変遷を写真などに残すことも有効だと思います。

「消費者(施主)が関わる法律を知る」

　施主と工務店は、設計・監理・施工の各業務について、それぞれ（あるいは一本化して）契約を結ぶと思います。それらの契約は、主に以下のような法律が関わっています。細かい条文はさておき、インターネットなどでその概要を把握しておくとよいかと思います。

- 民法（契約の基本）
- 建築基準法、建築士法
  （建物の安全のため）
- 住宅品質確保促進法
  （建物の品質を保障する）
- 住宅瑕疵担保履行法
  （工務店の補償に対して保険で担保する）

まとめ〈トラブルを回避するために〉

1. 「発注者意識を持つ。意思をもって選択する」
2. 「設計が固まって工事の契約をする」
3. 「万が一に備えて記録を残す」
4. 「法律を理解し、契約書で起こりうるリスクを知る」

■ トラブルになった場合はどうすれば良いでしょうか？

万が一、トラブルになった場合は、まずは当事者間で話し合うことです。その場合でも、感情的な議論にならないように冷静に話し合いの論点を絞り、記録を基に話をすることがよいと思います。

それでも解決しない場合には、「公益財団法人 住宅リフォーム・紛争処理支援センター」などの専門機関へ相談することが考えられます。同センターは、国土交通大臣から指定を受けた住宅専門の相談窓口で、専門的な見地から中立・公正な立場で住宅相談や住宅紛争処理の支援を行っています。

そして、弁護士に依頼することも選択肢の一つかと思います。費用はかかりますが、情報収集と交渉について窓口を一元化して、心理的なコストを軽減する意味ではメリットがあります。

いずれの手段を取った場合でも客観的な証拠があったほうがよいので、自分の記録や建築士などの専門家による調査報告書があると有利になると思います。また、トラブルは施主側・工務店側ともに、時間的・心理的・金銭的な負担が大きいため、①合意したことを書面に残し、②その後、実行し、③確認を行うという、一連の流れを行う方が良いかと思います。

コラム

2020年4月1日から新しい民法が施行され、関連する法律も改正されます。消費者が関わる大きな改正点としては、「瑕疵」という言葉がなくなり、そのかわりに「契約不適合」という言葉が使われるようになります。

- 瑕疵／完成された仕事が契約で定められた通りに施工されておらず、使用価値や交換価値が減少するなど不完全な点を有すること
- 契約不適合／完成された仕事が種類・品質・数量等に関して、契約の内容に適合しないもの

瑕疵という言葉は意味が広義のため、法律的には定着していても一般の方には浸透していませんでした。例えば「柱が破損している」「フローリングの一部を踏むと床鳴りする」なども瑕疵に当たります。そのため、何が瑕疵に当たるのかの定義付けから難しかったのですが、これからは、契約内容に基づくか否かが争点になります。そのため、契約書の重要性がさらに高まると予想されます。

また、責任追及の手段として、上記で示した①損害賠償、②追捕請求（修理工事等）のほかに、③追完請求（別の工事で相殺等）、④代金減殺請求（工事費の減額）なども認められました。実際の現場では、本体工事でトラブルがあった場合に「外構部分を無料にする」「本体工事費のうち工賃を値引く」など個別対応があるかと思いますが、法律が現状に合わせたという形になります。

そのほかにも、請求の起算点（権利主張できる期間）の変更など細かな改正点がありますので、契約の前に関連法規もご確認ください。

家づくりのヒント

家づくりは森づくり
—— 県産材を使う4つのメリットとは？

■県産材とはどんなものでしょうか？

県産材とは、「県内の山から伐り出されたもの」を指します。広島県では、太田川流域ではスギ、江の川流域（県内）ではヒノキが多く植えられています。

建材としての利用は、スギやヒノキの針葉樹が大半を占めています。

手入れのされた人工林

■広島県の林業の現況などを教えてください

広島県内の素材生産量（森林から伐採した丸太の販売量）は全国18位で、森林面積は全国10位の広さです。

広島県では、明治以降の軍需拡大や戦後の復興特需などによる乱伐で、昭和20年代頃までは沿岸部を中心に草木のほとんど生えていないはげ山が多く見られました。しかしその後、人力で山腹に植樹するなどの治山事業で緑が復活しました。今日の県下の森林の姿は、先人たちの汗の結晶といえます。

吉浦より北東を望む（植樹前）

（植樹後）

■県産材を使うことのメリットとは？

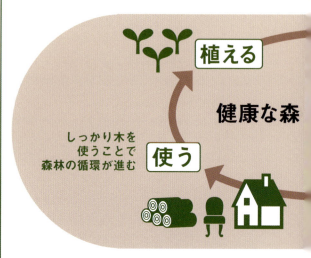

1 森林の循環利用を促進

広島県の森林は約30％が人工林です。人工林は「伐る→使う→植える→育てる」という循環により成り立っています。県産材を使うことは、そのサイクルを後押しし、次世代の森をつくることといえます。

2 自然災害の防止

間伐などの整備がきちんと行われている森林は、下草が十分に生えたり樹木の成長が促進されるため、土壌流出を防ぐなどの公益的機能が維持され、自然災害から住民の生活を守ることにつながっています。

注文住宅をつくるなら「木の家にしたい」。そして「できれば地元の木で建てたい」と考える人は多いのではないでしょうか？ ここでは、広島県内の林業や木材産業の振興などを担当している広島県農林水産局林業課に、広島県の林業の動向や県産材を使うことのメリットなどについて話を伺いました。

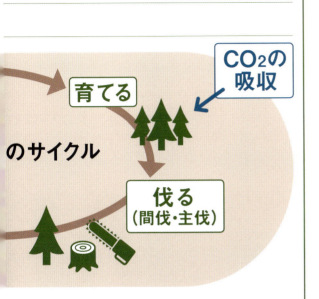

3 地域経済の活性化

県産材で家を建てるということは、「森林の維持・育成（所有者）」→「木材生産（素材生産者）」→「加工（製材所）」→「流通（卸売）」→「建築（工務店）」の各段階を経て地元地域で消費されるため、地域振興や木材産業の活性化につながります。

4 二酸化炭素の吸収効率の上昇

木は成長の過程で大気中の CO_2 を吸収して固定しますが、吸収量は一定の樹齢まで増加した後、低下していきます。そのため、適度に切り出して新しい元気な木を植えることが必要になります。

■ 県の取り組みや利用者にお得な施策について教えてください

広島県では、県産材を使って木造住宅を建築する工務店を支援しており、すでに県内の約80の工務店などが、県産材住宅の建築に関する協定を広島県と締結しています（一覧はHP＊参照）。

そのほか、広島県交流・定住ポータルサイト「広島暮らし」＊に、県内自治体の住宅に関する支援制度が掲載されていますので参考にご覧ください。

＊「広島県産材を利用して木造建築物を建築する会社について」
（広島県農林水産局林業課）
https://www.pref.hiroshima.lg.jp/soshiki/86/kensanzaijyutaku.html

＊「広島暮らし——広島県交流・定住ポータルサイト」
（ひろしま暮らし創造グループ）
https://www.pref.hiroshima.lg.jp/site/kouryuuteizyuuportalsite/

■ 木を扱うプロ集団

「適材適所」という言葉通り、木材にはさまざまな特性や価値があります。例えば、「真っすぐに育つスギは柱や屋根材などに」「ヒノキは耐菌・耐虫性に優れるので土台に」「桐は調湿効果が高いので寝室の床材に」など、特性に合わせた使い方があります。

もともとは大工が出どころの工務店は、木を扱うプロでもあります。県産材だけでなく、さまざまな種類の建材についてその特性を熟知しています。工務店の中には、地元材を積極的に扱うグループや地元の森づくりを進んで行っている企業もありますので、まずは地元の工務店に問い合わせてみてください。（編集部より）

家づくりのヒント

ホームインスペクションのすすめ
―― 買う人にも売る人にも安心を届ける「住まいのカルテ」

■ ホームインスペクションとはどんなものですか？

「ホームインスペクション」とは、専門家が住宅の外回りや室内の状況について、第三者の立場で目視や検査などの調査を行い、欠陥の有無、補修・改修が必要な箇所やその時期などを客観的に示すものです。その報告書はいわば「住まいのカルテ」にあたり、一度行っておけば、その物件に住み続けていくためにいつ頃どの程度のメンテナンスをすればいいか、おおよその目安が判断できます。

購入者は、住宅の入手前にインスペクションが行われていれば安心感を得られますし、税制上の優遇制度やローンを組む上でのメリットもあります。販売者や仲介業者も、物件の信頼度が高まって引き渡し後のトラブルが未然に防げます。

ホームインスペクションが早わかり！

Q ホームインスペクションを行うメリットとは？

購入者
- 住宅の現状や問題点が分かり、安心して購入することができる
- これから住み続けていくために、いつ頃にどのくらいのメンテナンスをすればいいか、おおよその目安が分かる
- さまざまな税制やローンのメリットがある

販売者
- 住宅の状態が明らかになり、信頼できる物件としてアピールできる
- 引き渡し後のトラブルが未然に防げる

不動産仲介業者
- 「安心R住宅」など、インスペクション済のものは安心物件としてアピールでき、成約率が上がる

Q どんなときに行うのか教えてください

中古売買の場合
市場に出回っている中古住宅は修繕されているかどうか分からない場合が多く、実際に購入することを決めた段階で、契約の前に行うのが的確です。

リフォーム施工の場合
インスペクションを受けていると予算などの目安が分かり、補助金の条件になっている場合もあるため受けておくと安心。

新築・建売の場合
欠陥住宅の購入の不安があったら、「安心料」として申し込み後、契約前に自費で行うとよいでしょう。

新築・注文住宅の場合
工事中・完成後など独特なタイミングがありますので、念には念を入れたい場合は、施行前の早い段階で専門家に相談するとよいでしょう。

近年、「ホームインスペクション（以下、インスペクション）」という言葉を耳にする機会が増えてきました。インスペクションとは「住宅診断」という意味で、中古住宅の購入などに際して、専門知識を持ったプロが中立的な立場から住宅の現状を調査するサービスを指します。国土交通省は、既存住宅の流通活発化を計って「安心R住宅」制度（特定既存住宅情報提供事業者団体登録制度）を創設しましたが（2017年11月）、インスペクションの実施が登録条件のため、世間で注目を集めるようになりました。ここでは、広島県工務店協会にホームインスペクションの背景や内容、メリットなどについて話を伺いました。

■ インスペクションはどこが行っているのですか？

インスペクションは、専門会社や工務店、建築・設計事務所などが行っており、それぞれに特色があります。実際に調査を行う技術担当者は「インスペクター」と呼ばれています。

現在、さまざまな団体が独自の資格や制度を設定していますが、共通の資格や基準をつくろうという動きも出てきています。宅地建物取引業法に添ったインスペクションに関しては、既存住宅状況調査技術者の資格を持った建築士が行う必要があります。

＊改正宅地建物取引業法／
- ●媒介契約時→販売者に対してインスペクションについて説明し、求められたら紹介すること。
- ●重要事項説明時→購入者に対してインスペクションの結果を説明すること。
- ●売買契約時→両者に対して建物の状況について書面で確認すること。

Q 誰が診断してくれるの？

さまざまな資格を持ったインスペクター（担当者）が行います。ホームインスペクションは、民間の資格なので多様な認定機関があり、検査内容も違います。

例えば、国土交通省の「長期優良住宅化リフォーム推進事業」に沿ったインスペクションができる民間資格だけでも13あります。また、各資格者が所属する組織によっても料金や内容が異なるので、相談するときはホームページなどで確認してみましょう。

Q どんなところを診てくれますか？

会社やインスペクターによりまちまちです。例えば、改正宅地建物取引業法による既存住宅状況調査では、基本的に下記（①②）のインスペクションを行い、目視や計測などで調査します。
① 構造耐力上主要な部分（基礎・壁・柱など）
② 雨水の浸入を防止する部分（屋根・外壁・開口部など）

広島県工務店協会加盟店の「安心じゃ検 ひろしまR住宅」の場合、上記に加えて床下診断を行うなど、業者によってチェックポイントが異なりオプションもあります。

Q どこに頼めばいいでしょうか？

さまざまな会社がインスペクションを行っており、それぞれに特色があります。

ホームインスペクション専門会社

中立的な第三者としてインスペクションを行う専門会社。広島県ではまだ少ないですが、首都圏では増えています。しかし、あくまで診断するのみでその後の提案はできません。

不動産会社

大手不動産会社は専門の部署を抱えている場合があり、頼めば業者を紹介してもらえます。

工務店

工務店は地域に根差した家づくりのプロですから、インスペクションはもちろん、リフォームやそれに伴う費用や税制上のアドバイスなどを行うことができます。

家づくりのヒント

ホームインスペクションのすすめ
――買う人にも売る人にも安心を届ける「住まいのカルテ」

■ インスペクションが広がっている背景とは？

　インスペクション先進国の米国では、現在、中古売買の6〜8割でインスペクションが行われているといわれています。国内では2000年代から導入されはじめ、国土交通省がガイドラインを策定（2013年）したこともあって、近年、徐々に浸透しはじめています。

　インスペクションは新築物件でも行われる場合がありますが、やはり中古物件の売買やリフォームの際に多く行われています。国がインスペクションの普及を推進している背景にも、全国的な空き家の増加に歯止めがかからない状況があります。

　「汚い」「どんな物件か分からない」といった、従来の中古住宅のマイナスイメージを払拭して、購入者が住みたい・買いたいと思える中古住宅を選択できる環境を整備するため、国土交通省は長期優良住宅化リフォーム推進事業を進めており、安全性の標章を付与する「安心R住宅」制度＊を創設しました。この制度は「耐震性があってインスペクションが実施され、リフォームなどの情報提供がきちんと行われていること」が登録条件となっています。

　現在、市場に出回っている中古住宅は一律に築年数で評価されていることが多く、補修・改修が行われているかどうかが分からない場合があり敬遠される要因になっています。この制度とインスペクションの普及により、多くの既存住宅の価値が市場で正しく評価されて流通が広がることで、中古住宅が価値ある「資産」として次の世代に継承されていくことが期待されています。

＊安心R住宅の条件／①耐震性等の基礎的な品質を備えている。②リフォームを実施済み、またはリフォーム提案が付いている。③点検記録等の保管状況について情報提供が行われる。

ケーススタディ
「安心じゃ検 ひろしまR住宅」のホームインスペクション

●構造耐力上で主要な部分（基礎・壁・柱など）
（〇調べる箇所／具体的な項目）
① 基礎／幅0.5mm以上のひび割れ、深さ20mm以上の欠損、錆び汁を伴うひび割れ等など
② 土台・床組／著しいひび割れ、劣化、欠損
③ 床／著しいひび割れ、劣化、欠損。著しい沈みや6/1000以上の傾斜
④ 柱・梁／著しいひび割れ、劣化、欠損。柱の6/1000以上の傾斜、梁のたわみ
⑤ 外壁・軒裏／仕上げの種類を確認し、それに応じて、ひび割れ、欠損、錆びや浸食、仕上げ材の浮きなど
⑥ バルコニー（や共用廊下）／支持部材や床の著しいぐらつき、ひび割れ、劣化
⑦ 内壁／下地材まで到達するひび割れ、欠損、浮き、はらみ、落剥（はがれ）
⑧ 天井／下地材まで到達するひび割れ、欠損、浮き、はらみ、落剥
⑨ 小屋組（下屋根部分を含む）／著しいひび割れ、劣化、欠損
⑩ 蟻害／※鉄骨造の場合は調べない
⑪ 腐食や腐朽
⑫ 鉄筋探査／基礎がおける鉄筋の本数や間隔（鉄筋探査機を使用）
⑬ コンクリート圧縮強度

●雨水の浸入を防止する部分（屋根・外壁・開口部など）
① 外壁／シーリング材の破断や欠損、建具周囲の隙間や著しい開閉不良など
② 軒裏／軒裏天井のシーリング材の破断や欠損、雨漏りの跡
③ バルコニー（や共用廊下）／防水層の著しいひび割れ、劣化もしくは欠損、水切り金物などの不具合
④ 内壁／雨漏りの跡
⑤ 天井／雨漏りの跡
⑥ 小屋組／雨漏りの跡
⑦ 屋根／屋根葺材の著しい破損、ずれ、ひび割れ、防水層の劣化や欠損、水切り金具の不具合など

●床下部分
① シロアリによる被害・兆候
② 木部のカビ
③ 木部の腐朽
④ 給排水管等の水漏れ
⑤ 外周のシロアリ被害
※シュミットハンマー試験でコンクリートの強度を測ります。また、シロアリの浸食を調べるため、含水率を調べます（15％以上でシロアリが発生しやすく、18％以上で腐朽の恐れあり）。

★料金：目視による一時診断／58000円、詳細診断／10万円〜
★所要時間：建物面積が100㎡（約30坪）程度の場合、約2〜3時間が目安

■ その他のメリットについて教えてください

以前は、中古住宅の取得と同時にインスペクションを行うと住宅ローン減税が受けられ、また住宅担保責任保険（住宅購入後に雨漏りなどの不具合が見つかった場合に対応）に加入するにはインスペクションの実施が必要でした。現在は対象範囲が拡大しており、木造住宅の場合には築20年までは住宅ローン減税を使えますが、インスペクションを行って住宅担保責任保険に加入すると、1981年6月1日以降の確認申請分については減税が受けられます。

また、住宅購入前にインスペクションをして耐久年数などを把握し、あらかじめ計画を立てておくと、リフォームを念頭に入れた最高35年の住宅ローンを組むことができます。

一方、購入後に不都合が出てからリフォームを考えると、最高10年のリフォームローンしか組むことができず、借り先も二重になってしまいます。

インスペクションはさまざまな業者が行っていますが、工務店に依頼した場合、地域での豊富な経験や実績があるため、リフォームはもちろん保険に関しても丁寧なアドバイスが期待できます。

■ 工務店協会が行うインスペクションのメリットとは？

広島県工務店協会に所属する工務店は、主に「安心じゃ検 ひろしまR住宅＊」に基づいてインスペクションを行っています。一般的なインスペクションである「目視」による既存住宅状況調査（一時診断）の条件を満たし、さらに床下の点検を行ってくれることが特徴です。シロアリ被害があったり、湿気がっていたりする場所なので、専門機具を使って入念な検査を行います。

インスペクション専門会社と違って工務店は設計から施行まで行えるため、診断結果を基に中古住宅のメンテナンス・リフォームなどのアドバイスを行い、工事費用を分かりやすく購入者に提示できます。中古住宅の場合、施工した会社がどこか分からず、図面も残っていない場合が珍しくありません。その点、工務店に依頼すると検査から購入後のリフォーム・リノベーションまでトータルで対応してくれるため安心です。

ですので、購入者の目線で一歩踏み込んだインスペクションができることが、工務店の大きなメリットといえます。さらに、小屋裏などの診断を規定料金内で行っている加盟店もあり、検査器具を使った詳細診断（二次診断）や耐震診断にもオプションで対応してもらえます。

こうしたさまざまなメリットがあるため、中古住宅を購入する場合やリフォームを前提としたインスペクションを行う場合は、まずは地域の工務店にご相談ください。

＊「安心じゃ検 ひろしまR住宅」を行っていない加盟店もあるのでご確認ください。

床下のインスペクションの様子

含水率検査で木材の耐久を確認

こんなお家ができました。

加度商

本社:尾道市栗原西2-3-15
☎0848-22-2693　FAX:0848-22-2696
https://www.kadosho.com/

- 事業内容：注文住宅の設計・施工、不動産事業
- 取扱工法：木造軸組工法
- エ リ ア：尾道市・福山市・三原市・府中市
- 創　　業：1978年
- 従業員数：17名（建築士:5名　建築施工管理技士:4名　宅建取引士:6名）
- 許可登録：建築業＜広島県知事許可（般-27）第14546号＞
　　　　　　一級建築士事務所登録＜広島県知事登録17（1）第655号＞
　　　　　　宅地建物取引業＜広島県知事（9）第5636号＞

CASE 1 自宅で過ごせる時間を大切に

相談内容

共働きで忙しい毎日を送るご夫婦からの要望は、「自宅で過ごす時間を大切にしたい」というものでした。四季折々の自然を楽しみながら、気軽に友人家族を招いてホームパーティーもしたいとの注文もあり、中庭を楽しむ家というコンセプトが出来上がりました。

<u>キーワード</u>　○中庭を楽しむ　○ダブル断熱工法　○無垢フロア　○造作家具

こんな家になりました

大きな窓と中庭　四季を楽しめる住空間

1F

2F

- 面積：土地 172.05㎡、延床 115.58㎡
- 費用：2500万円（外構含まず）
- 工期：4カ月
- 工法：木造軸組工法

——中庭を楽しむ家

[新築]

コンセプトは「心の豊かさ」
色合いや素材などディテールにこだわった、おしゃれなリビング

日当たりの良い中庭。植栽でプライバシーを配慮。

勾配天井を最大限に生かした縦に伸びる窓。壁は左官職人の手塗りによる塗り壁仕上げです。

お施主さんに聞きました ［福山市 S様邸 30代 3人暮らし］

太陽をいっぱい浴びながら、中庭で日々、楽しんでいます。

中庭の発想は最初はありませんでしたが、話し合いを重ねるにつれて、「これだ」と感じました。今では、リラックスできる家族だんらんの場として、最高の空間になったと思います。まだ子どもは小さいですが、この中庭で思い出をいっぱいつくることができるでしょう。

CASE 1　自宅で過ごせる時間を大切に——中庭を楽しむ家

▶ ケーススタディ
担当者に聞きました

新築営業部　営業課
柚山　和慶
1982年愛媛県生まれ。日本工業大学工学部建築学科卒業。新築工事の営業やプラン作成を担当。趣味は、子どもと遊ぶことと漫画を読むこと。

　プラン設計にあたり、苦労されたことは？

新築の依頼を受けたとき、施主さんからの要望は「普通でない家」というざっくりとしたもので、家を建てる場所も決まっていませんでした。施主さんとのヒアリングを重ねていく中で、重視されたのは「自宅は仕事と切り離した気持ちで、一番リラックスできる場所に」。それならば、「中庭のある家はどうでしょうか」とお話しした結果、大変気に入ってもらい、「心の豊かさ」をコンセプトにスタートしました。

　「中庭を楽しむ家」の設計で重視したことは？

中庭の日当たりを確保することと、外からのプライバシーを配慮することを両立させなければなりませんでした。玄関横の南向きに中庭を設け、さらに外からの視線をさえぎるため植栽しました。それによって、非日常を感じられる中庭をつくることができました。バーベキューやビニールプールなど、いろいろ楽しめると思います。

　コンセプト「心の豊かさ」の雰囲気を出すのに工夫されたことは？

開放的な吹き抜けにしました。大きな窓から見える軒裏の木と空のコントラストは最高です。また、できるだけ家族が同じ空間にいることができるように、リビングには子どもが勉強したり、夫婦でパソコン作業ができる備え付けの机を配置しました。家族全員が使えるユーティリティスペースになりました。

大きな窓からは四季折々の風景が楽しめます

備え付けの机

維持費がかからないことも重要ですよね？

夏涼しく、冬暖かい快適な家にするためには、家の性能は非常に大切です。断熱材にはセルロースファイバー断熱と外張り断熱のダブル断熱にすることで、より快適な暮らしを実現します。そして光熱費など、余分な出費を可能な限り少なくできるように務めています。

「調湿」についてのこだわりは？

壁は左官職人の手塗りによる塗り壁仕上げです。独特のコテムラによる見た目の良さや消臭効果、人体に無害ということもありますが、一番大きいな違いは「調湿」（湿度の調整）だと考えます。調湿効果の高い塗壁は快適な室内環境（カビ・ダニの発生など）に非常に大きな影響をもたらします。また床には、無垢のフロアを採用。樹脂は「ブラックウォルナット（クルミ）」です。無垢材の持つ肌ざわりと温かみを体感できます。

強度が高く、対衝撃にも強いので傷も目立たない「無垢のフロア」

長く住み継ぐことのできる家づくりとは？

家の設計に対して、流行のデザインや機能性、最新の設備機器を取り入れるのは必要ですが、もっと大切なことは、長年住むごとに味わいを増す家ということです。家族にとって愛着のある家、そして何よりそこに暮らす人の心の豊かさをつくり出す空間でなければなりません。デザインや設備、装備を第一優先に考えると、家は無機質な「モノ」になってしまいます。家族とともに時を刻み、やさしく寄り添うような品のある家づくりを目指しています。

CASE 1　自宅で過ごせる時間を大切に──中庭を楽しむ家

当社の強み

1 白い塗壁と木のぬくもり

真っ白い塗壁と木部が見せる美しいコントラストが特徴的な住まいをつくります。室内の塗壁は調湿効果があり、夏の多湿な気候にも合った住まいになっています。自分で簡単に補修もでき、傷もあまり気になりません。

2 オリジナル造作家具

当社が展開しているオリジナルブランドの家具を工房「Kobo-K」といいます。木材市場で競り落とした木を自社で加工しています。デザインや機能性に優れ、使いやすい造作家具を提供しています。

3 高断熱＆遮熱＋高耐久

暮らしを守る「家」に一番大切なものは、快適な生活を送るための断熱＆遮熱性能と、目に見えにくい構造や居住性です。断熱材には「セルロースファイバー」を採用し、外周部には「EPボード」を設置する外断熱工法を付加したダブル断熱を標準仕様にしています。

私が担当します！

新築営業部　営業課
柚山　和慶
出身：愛媛県生まれ
学歴：日本工業大学工学部建築学科卒業
趣味：子どもと遊ぶ、漫画を読む
メッセージ：家づくりは、あなたが「どう暮らしていきたいか」を知ることからはじまります。打ち合わせでは雑談のような感じで、自由に話を広げてみてください。

● 提案の際に気をつけていることは？

主に新築工事の営業とプランの作成を担当しています。気をつけているのは、常に自分の家だと思うことです。シンプルで経年変化を楽しめる家が何よりです。家に帰るのが楽しくなるような、日常の中で非日常を味わえるような空間、そんな楽しい家を一緒につくる仕事でありたいと思っています。

● お仕事のやりがいは？

建築は必ず「人」のために設計します。家をつくれば、そこには家族が住みます。家づくりを通して、人々の生活をより豊かに笑顔にできるのです。自分が関わった建物が、人々に利用され、笑顔になっている姿を見た時、とてもやりがいを感じます。注意しなければならないのは、自分の意見を押し付けすぎないように、施主さんのご意見をしっかりと聞くことです。

社長のポリシー

「家族がもっと幸せになる家づくり」がポリシーです。家づくりは人生の目的ではなく、家族がもっと幸せに暮らすための手段と考えています。大切にしたいのは、お家を建て実際に暮らしはじめてから、「家事や子育てに余裕が持てるようになった」「家族の笑顔や笑い声をいつも身近に感じられるようになった」と思ってもらえるような家づくりです。そのためにも、当社で働くすべての人が、新しいスキルや個性を身につけ、自信と誇りを持ち成長し続ける、そんな会社を目指します。基本を大切にしながら、根底から強くあり続けたいと思います。

1981年生まれ。尾道市栗原出身。中京大学経営学部卒業。家業の工務店に入社後、2012年より代表取締役に就任。趣味はバイクに乗ること。休日は子どもと遊び、家族がいない場合は、ゴロゴロする。モットーは「素にして上質」。施主さんへのメッセージは、「とにかく楽しみましょう。難しいこと、分からないことがあれば、これから一緒に考えましょう」。

代表取締役
加度　亮平

木楽

本社:広島市安佐南区伴中央2-3-37
☎082-848-0215　FAX:082-848-3858
https://ie-kiraku.com/

- 事業内容：住宅新築、リフォーム、家具製造販売
- 取扱工法：木造軸組工法（柱・土台　檜づくり）
- エ リ ア：広島市内、北広島市、廿日市市、東広島市、安芸郡
- 創　　業：家具部門1975年・建築2004年
- 従業員数：5名（建築士:3名　建築施工管理技士2名:コーディネーター1名）
- 許可登録：建築業<広島県知事認可（般-28）第35975号>、建築士事務所登録<広島県知事登録16(2)第2303>

CASE 2 快適・安心・安全な住まいづくり

相談内容

両親と息子と施主の4人家族。父親の足が不自由で、外出時には電動の車いすを使用されています。将来的には室内での車いす生活も考えられ、安全で快適な自宅づくりをと要望されました。英会話教室をご自宅でされる、よくホームパーティーをされる、との理由でリビングも広めに取ってほしい、とリクエストもありました。

キーワード
◦バリアフリー　◦広めのLDK　◦自然素材　◦ペレットストーブ

こんな家になりました

車いす生活でも安心できる、いつでも人が集まれる住空間に

アプローチから玄関までスロープを付け、玄関ホールには収納できるベンチを設置。22畳のリビングでホームパーティーが楽しめます。

玄関口までのスロープ

1F　2F

- 面積：土地 179.44㎡、延床 115.92㎡
- 費用：2300万円（外構含まず）
- 工期：5カ月（打ち合わせから完成まで10カ月）
- 工法：木造軸組工法（柱・土台　檜づくり）

新築

ホームパーティー好きのお施主さん。人がたくさん集まるために、LDKとサンルームを連動させて広めに使えるように。22畳の広さがあり、サンルームからも出入りできます。LDKには珪藻土を用いました。珪藻土は調湿や消臭効果に優れ、居心地のいい空間です

広々としたキッチン。奥にはパントリーもあり、収納もたっぷりできます

カラフルな壁のパントリー

来客はサンルームへ直接入れるように、インターホンと入り口を作りました。

お施主さんに聞きました［広島市安佐南区 A様邸 4人暮らし］

打ち合わせを重ねながら、安全性・快適性を一緒に追求しました

将来、両親が年をとり体が動かなくなっても安心して暮らせるように、安全で使いやすい住まいを依頼しました。こちらの要望には丁寧に答えてくださり、理想的な住まいが完成しました。建て替え前にあった家具を倉庫で預かってもらえたことも、非常に助かりました。

CASE 2　快適・安心・安全な住まいづくり

▶ケーススタディ
担当者に聞きました

代表取締役
大迫 隆司
お客様にとって「一番の我が家」をつくるため、全力で家づくりに取り組んでいます。

　車いすを使って生活するために、配慮されたことはありますか？

玄関を上がった部分の廊下幅は広めの1m10cmにしているため、車いすでも広々と使えます。リビングからキッチン、両親の部屋、トイレ、洗面所まではすべてフラットにしました。両親の部屋の近くにトイレや洗面所、浴室を設けるなど、動線には特に気をつけました。将来的には車いすでも移動しやすいように、引き戸を多くしました。

お風呂。蓋に座ることができます

トイレは折戸に

玄関には収納できるベンチを

　断熱には何を使われているのですか？

高温多湿な日本特有の風土に対して、快適な家庭生活を送る上で必要不可欠なのが断熱材です。一般的にはロックウールやグラスウールを使用することがありますが、壁内結露により断熱性能の低下やカビの発生などの不具合が起こります。その為、断熱効果の維持に加えて快適性も重視した断熱材がサーモウールです。このサーモウールは羊毛とホローポリエステルでできています。高い断熱性能・調湿性能・空気清浄化機能・施工性・防虫性能、地球環境へのやさしさが特徴です。

サーモウール

暖かさを保つために、ほかに工夫をされましたか？

エアコンだけでは寒いので、リビングの壁際にペレットストーブを設置しました。ペレットストーブとは、薪ストーブとは異なり木くずを固めた木質ペレットを燃料としたストーブです。着火も消火もスイッチで操作するため、誰でも簡単に使うことができます。燃やしたときに排出されるCO_2は木の成長過程で吸収したもので、環境に影響はありません。炎が見えるワンランク上の暖かい暮らしを楽しむことができます。部屋全体が暖まるので、高齢者にもとてもやさしい環境です。外国製もありますが我が社では国産のものを使っています。

ペレット

「エイジングハウス」というお考えがあるのだとか？

革製品が使えば使うほど、手になじみ飴色になり風合いが増していくように、住まいにも同じことが言えると私たちは考えています。そこで「エイジングハウス」という厳選した自然素材を使い、住めば住むほどその変化が味わいとなる家をつくっています。また「深呼吸したくなる家」「気候風土に合った過ごしやすい家」「過ごすことが好きになる家」に力を入れています。
今回はLDKの部分に、調湿や消臭効果に優れている珪藻土を用いました。素足に気持ち良い無垢の木の床も取り入れました。外壁にはシラスを使っています。

エイジングハウス

珪藻土

無垢フローリング

社長のポリシー

住宅リフォームを専門としてきた私たちが長い目で見ても安心して使用できる素材を選び、「ずっと心地いい住まい」を提供することを大切にしています。また、お客様と十分な打ち合わせをし、それぞれの思いを形にするのが私たちの仕事です。その中でプロとしてベストと思うご提案をし、納得のいく家づくりをお客様と一緒に楽しみたいと思っています。

1969年生まれ。広島市安佐南区出身。広島県立安西高等学校、広島経済大学卒業、商社に3年、大手フランチャイズリフォーム店に5年間勤めた後、地場住宅メーカーのリフォーム会社に所属。その後、父が創業した家具店に戻り、2004年から社長になる。当初はリフォームを専門にしていたが、2009年から新築物件も手がける。趣味は釣りやアウトドア。将来の夢は、養蜂を成功させること。

代表取締役
大迫 隆司

KI works

本社：広島市西区己斐上2-69-16
☎082-881-1321　FAX:082-881-1322
http://kiworks.info

- 事業内容：企画、設計、施工、監理
- 取扱工法：木造軸組構法、2×4工法
- エ リ ア：広島市内および近郊
- 創　　業：2011年
- 従業員数：5名(うち一級建築士:1名、二級建築士:1名)
- 許可登録：一級建築士事務所登録番号　(広島県知事)(1)第4827号、　建設業登録　(広島県知事) 第36197号

CASE 3 築100年の古民家を、

相談内容

希望は「将来、二世帯で同居できる家」。暗くて寒く、段差もある上、建物が傾き、建具の開閉もままならない状態だった築約100年の家。古民家の雰囲気は残しつつ、快適に暮らせるよう、なおかつ若夫婦が住みたくなるようなおしゃれな感じにもしたい、という相談でした。

キーワード
- 古民家
- バリアフリー
- 長寿命化
- 介護

こんな家になりました

段差をなくし、快適でおしゃれな家に

蔵と台所を解体し、2世帯が広くゆったり使えるLDKを生み出しました。寝室ともつながり、介護が必要になっても安心です。さらに、サブ玄関を設け、農作業から戻ってすぐに洗面脱衣室から浴室に直行できるよう、設計しています。

施工前

暗くて寒い台所は結露がひどく使い勝手も良くありませんでした

施工後

- 面積：237.60m²
- 費用：3800万円
- 工期：5カ月（打ち合わせから完成まで9カ月）
- 工法：木造軸組

二世帯同居できる住まいに

古民家再生

対面キッチンで家族のコミュニケーションもスムーズに。将来、車イスのままでも食事できるように、高さや奥行を決めたカウンターを設置。小屋組みを生かした勾配天井で空間にさらなる広がりと変化もプラスしました。

縦と横のラインが美しい凛とした印象の和室

良質の古材を生かし和の趣をデザインした、おもてなしの玄関ホール

お施主さんに聞きました [安芸区 Y様邸 80代2人、40代2人暮らし]

古く暮らしにくかった家が、和のくつろぎと安心安全が同居する住まいに

先祖より受け継いだ家が、1年を通して快適に暮らせる素敵なわが家に生まれ変わって大満足しています。以前は家の傾きが不安でしたが、しっかりと補強してもらった上、介護もしやすいように設計されていて安心。古き良き雰囲気は残しつつ、若い世代にも心地良い空間になりました。

CASE 3　築100年の古民家を、二世帯同居できる住まいに

▶ ケーススタディ
担当者に聞きました

代表取締役　一級建築士
井手口 耕三
一級建築士をはじめ、木造建築士や一級建築図面製作技能士など多くの資格を持つ。2010年には介護ヘルパー2級も取得するなど、末長く快適な家づくりに精通。

段差の解消はどのように？

母屋をはじめ、離れや蔵、納屋など、それぞれの床高が違い、段差が生まれていたので、母屋の和室に床高を合わせ基礎を打設（建築の基礎となるコンクリートを枠の中に流し込むこと）して高さを調整しました。リフォーム前の蔵や廊下、台所を撤去し、それぞれの部屋につながる廊下の段差をなくして全面バリアフリーを実現しました。

基礎で床高を調整して全面バリアフリーに

段差なく居室につながる廊下。暮らしやすく安心できます

何代にも渡って長く住み継ぐための対策は？

耐震補強はもとより、不同沈下（建物が不揃いに沈下して傾くこと）を起こしていたため、柱や梁をジャッキアップして修復。さらに、鉄筋を配したコンクリートを打設した床スラブ（垂直な平面の荷重を支える床構造）を設けたほか、田の字型に和室が並ぶ間取りで襖や障子など開口部の建具が多いため、壁はすべて構造用合板にて補強して、建物の強度を高めています。

傾いた柱や梁をジャッキアップして修復

壁はすべて構造用合板（構造耐力上主要な部分に使用する合板）を用いて補強

> 古民家の雰囲気を残しつつおしゃれに、という要望にはどのように？

柱や梁などを修復して良質の古材を生かしながら、歳月をかけてこの家がまとった佇まいに相応しいデザインを施しました。建具や床、梁、腰壁などはすべて国産の無垢材を使用。さらに、できるだけ広島県産の木材を使うなど職人が随所に工夫を凝らしています。

「ひろしま住まいづくりコンクール2010」で特別賞を受賞

> この施主さんならではこだわりは？

檜づくりの浴室です。浴槽をはじめ、壁や天井にも無垢のヒノキを採用し、質感や香りなど、木のぬくもりを感じられる自慢の浴室に仕上げました。ゆったりとバスタイムを楽しんでいらっしゃいます。

床、壁ともにタイルで寒さがあった上、目地の掃除も大変でした

高級旅館を思わせる檜づくりの浴室に生まれ変わりました

社長のポリシー

私が建築士、父が大工ですので、打ち合わせから設計、施工、監理までワンストップで対応するほか、急な変更や相談にも迅速に対処できます。設計面においては、リフォームだけでなく、若い世代の新築の場合でも、将来の介護まで考慮して提案します。例えば、寝室の隣にあえてトイレを配置し、いざというときには壁を抜いてカーテンで仕切り、行き来を楽にするなど、介護ヘルパー2級を取得し施設で3か月間の研修で得た経験やノウハウも生かし、きめ細かな提案に力を注ぎます。

1976年生まれ。広島市南区出身。広島県立宮島工業高等学校卒業。地元設計事務所に12年間勤務し、木造住宅からビルまで幅広い建築物などの設計、施工図の作成業務に携わる。2007年、建築や福祉事業を行う会社を共同で設立。2010年からグループホームの運営にも携わる。2011年KIworksを設立。小、中学校時代は野球部で活躍したというだけあって、生粋のカープ好き。家族や友人としばしば野球観戦にも。西区在住。両親、妻と3人の子どもと暮らす。

代表取締役
井手口 耕三

幸住（アイフルホーム広島安芸店 / 広島呉店）

本社：安芸郡坂町平成ケ浜1-8-27
フリーダイヤル：0120-528-510　☎082-884-3888　FAX：082-884-3889
広島呉店：呉市広古新開8-26-18
フリーダイヤル：0120-510-586　☎0823-74-3888　FAX：082-374-3889
http://www.kojyu.net/

- 事業内容：注文住宅の請負・施工・販売、リフォーム
- 取扱工法：木造在来軸組工法
- エ リ ア：広島市（南区・安芸区・中区・東区）、安芸郡、呉市、江田島市、東広島市
- 創　　業：1994年
- 従業員数：11名（うち一級建築士1名、二級建築士3名、宅地建物取引主任者2名、ファイナンシャルプランナー2名、住宅ローンアドバイザー2名、ハウジングプランナー1名、整理収納アドバイザー2名）
- 許可登録：建設業許可番号：広島県知事許可（般-28）第26614号、宅地建物取引業：広島県知事(3)第9194号

CASE 4 収納も多く、家族がゆったり

相談内容

安芸郡坂町の借家に住んでいた30代のIさん家族。ひどい結露に悩まされ、下の子が小学生になったのを機に、生活圏を変えない範囲で、広くて収納の多い家への住み替えを考えていました。幸住のモデルハウスを訪れた際、資金計画などの説明を受け、「こんなに快適な家が、自分たちにも手の届く価格で買える」と新築を決意、土地探しも依頼しました。

キーワード
○結露のない快適な家　○生活圏を変えない　○充実の収納　○お値打ち価格

こんな家になりました

広々としたキッチン、こだわりの収納も完備

坂町内に、南向きの平地で車2台が駐車できる土地がタイミングよく見つかり、生活圏を変えることなく、住み心地の良い家を建てることができました。

キッチンの横にある大容量のパントリー。調理器具や食品のほか、奥様お気に入りの食器もきれいに飾られています

・延床面積：117.00㎡　・費用：2600万円（太陽光発電システム工事、付帯工事込、税込）
・工期：4カ月　・工法：木造在来工法

過ごせる風通しのいい家

新築

広々として家族がゆったり過ごせるLDK。休日にはオープンキッチンで、料理好きのご主人を中心に家族みんなで料理が楽しめます

洋酒を飾りたいご主人のために、リビングの一角に設けたスペース。壁の角に丸みを付けて、ぶつかっても壁紙が傷みにくく剥がれにくい工夫をしました。クロスは個性的なものを選んでいます。

どこにいても家族の気配が感じられるようにと、リビング階段（左手）に。開放感がありながら、高気密・高断熱効果で真冬は暖かく、真夏でも2階まで冷んやりして心地良い。

お施主さんに聞きました ［安芸郡坂町 I様邸 30代 4人暮らし］

住み心地がすごく良く、本当に幸住さんで建ててよかったです

最初にモデルルームを見て、間取りや収納、風の流れがとてもよく考えられていて、いい家だと実感しました。省エネで高気密・高断熱の住宅の建築価格がほかよりも低く、資金計画にも無理がなさそうなので、幸住さんでアイフルホームを建てることに決めました。住み心地がすごく良く、本当に建てて良かったです。

CASE 4　収納も多く、家族がゆったり過ごせる風通しのいい家

▶ ケーススタディ
担当者に聞きました

代表取締役　一級建築士
上野　亜希子
アイフルホームFC（フランチャイズ）加盟店・幸住の社長として会社を運営する傍ら、女性目線を生かした「家族みんなに優しい住まい」の設計も担当。

アイフルホームのFC加盟店である御社と、一般の工務店さんとの違いは何ですか？

地域密着という点は変わりませんが、建築資材や設備機器の調達力に関しては違いがあると思います。建築資材は本部で一括購入し、設備機器も製造していますので、コスト削減につながります。構造材は本部直営工場でプレカットし、留め付け専用の金物とともに届きますから、品質や職人さんの熟練度によるばらつきなく家を建てることが可能です。また引き渡し後は60年間、無料点検を受けることができます。

お施主さんの快適に暮らしたいというご要望は、どのように実現されたのですか？

天井や壁面、床下に高性能の断熱パネルや断熱材を施工し、外気温の影響を受けにくくしました。窓もトリプルガラスにして断熱性能を高め、結露防止にも効果を発揮。換気の際に逃げてしまう室内の暖かさや涼しさを再利用しながら換気するシステムも各部屋に採用し、冷暖房費の軽減につなげました。その結果、年中快適に過ごせ、光熱費の費用対効果にもご満足いただいています。

床下には高性能断熱材を施工

女性目線を生かした設計個所は？

浴室は汚れが付きにくい人工大理石を用い、排水口は水を抜く際に渦を巻いて髪の毛がまとまり、取れやすい構造にしています。さらに夜間や雨の日でも洗濯物を干せるように、2階の廊下に電動の室内物干しも付けました。

人工大理石を使用した浴室と室内物干し

> 収納についてはいかがですか？

玄関土間には、天井までの高さがあるシューズクロークを設け、ガーデニンググッズなども納まるようにしています。階段下は収納にし、対面には約2畳のウォークインクローゼットを配置。お子様たちの日常生活に必要な物が収納でき、忙しい朝でもそこで支度が整うので助かる、と喜ばれています。キッチンには大きなパントリーを、2階の各部屋にも十分な容量のクローゼットを設け、子ども部屋は将来2部屋にリフォームできるよう、両サイドに配置しています。

シューズクローク

> リフォームも扱われるのですね？

地域に根を張る会社として、地元のご要望には十分にお応えしたいと思っています。
2018年夏の豪雨災害の直後、呉市天応在住の60代のご夫婦から、家屋の1階部分が浸水し住めなくなったのでリフォームしてほしいと、ご依頼がありました。多くの方が被災され、対応も大変厳しい状況でしたが、幸住なら何とかしてくれると思われたようです。車が入らない土地だったので資材を手運びし、4か月ほどかけて基礎以外すべてリフォームしました。お客様には、対応が早いし暮らしやすくなったと、大変喜んでいただきました。

ダイニングキッチンとリビングを一緒にし、浴室もタイルからユニットバスに変更した。構造は変えられなかったので、間接照明を採用。1階約100㎡のリフォームで2階にもトイレを付けた。費用は1000万円

社長のポリシー

お客様とのご縁に感謝し、お客様の「夢の住まいづくり」計画の実現を、誠心誠意、全力でお手伝いいたします。創業以来600棟の物件を手がけてきましたが、多くの協力業者さんからも、アイフルホームは品質が高く、建築後の維持費も抑えられるコストパフォーマンスの高い物件であると、好評価をいただいております。私たちは住まいづくりのプロ集団として、お客様から地域NO.1の信頼を得ることを目指し、皆様のお役に立てるようがんばりますので、どうぞ安心して家づくりをお任せください。

1969年生まれ。安芸郡熊野町出身。金沢工業大学建築学科卒業。大手ゼネコン勤務後、30歳で地元に戻り、2005年に創業者である母から会社を引き継いで代表取締役に。目下の趣味は仕事。お客様の笑顔を見ると、素晴らしい仕事をさせていただいていると誇らしい気持ちになる、という。気分転換に年2回ほど、韓国に買い物旅行に出かける。坂町の同一敷地内に母と妹家族5人と暮らす。座右の銘は「初心忘れるべからず」

代表取締役
上野 亜希子

しおた工務店（塩田工務店）

本社:安芸高田市甲田町高田原1212
☎0826-45-3658　FAX:0826-45-2160
http://siota.jp/

- 事業内容：住宅の設計、企画、施工（新築・リフォーム）
- 取扱工法：木造軸組工法
- エ リ ア：安芸高田市、三次市、庄原市、東広島市、世羅郡、安佐北区、北広島町＊その他の地域はご相談ください
- 創　　業：1975年
- 従業員数：9名（うち一級建築士2名、二級建築士2名、一級施工管理技士1名、二級施工管理技士1名、インテリアコーディネーター1名）
- 許可登録：建設業＜建築業広島県知事許可（般-27）第27579号＞、＜宅地建物取引業広島県知事(5)第8433号＞、
　　　　　建築士事務所登録＜広島県知事登録17(1)第4895号＞

CASE 5 愛犬・愛猫と穏やかに、

相談内容

三次市在住30代の夫婦。愛犬1匹、愛猫4匹と心地良く過ごせる家が欲しいと考えていました。犬と猫の性質や性格を理解して空間づくりをしてもらえるメーカーを探していたところ、しおた工務店のチラシを手に。チラシのキャッチコピー"猫の気持ちが分かる工務店"という言葉に惹かれて来店しました。

キーワード　○ペット犬猫　○断熱　○寒冷地　○小屋裏

こんな家になりました

ペットも喜び、癒しをもたらす家

小屋裏に続く階段上はキャットウォーク、階段下に愛犬専用スペースを設置しました。また新緑や紅葉と四季折々の風景が部屋から楽しめます。

洋室の大きなコーナービューからは、広がる景色と愛犬が遊ぶ姿が見える

愛犬専用スペース

キャットウォーク

- 面積：153m²
- 費用：非公開
- 工期：6カ月
- 工法：木造軸組工法

のびのびと暮らす家

新築

シックなガルバニウムの屋根と木を組み合わせた存在感のある平屋。モダンな佇まいは周囲の自然とも絶妙に調和。庭には愛犬のドッグランもつくりました

★ガルバニウム
耐久性に優れた鋼板。錆びにくく高寿命で、耐震性が高いという特徴があります。

スタイリッシュなアイランドキッチン。床は杉の浮づくり加工がしてあり、やさしい肌ざわり。壁も自然素材で体にやさしい漆喰を採用しました。

くつろぐ愛猫…

階段下は愛犬の居場所に

お施主さんに聞きました ［三次市 A様邸 30代2人暮らし］

愛猫、愛犬が喜んでいる姿を見て幸せを感じています。

階段下に愛犬専用スペースをつくってくださったのですが、我が家の愛犬がそのスペースを見るやいなや真っ先に入ってくつろいでいる姿を見てびっくり。書斎コーナーに寝転んで見上げたときに、猫達が自由に歩きまわるキャットウォークを眺めたい。そんな細かい要望にも応えて下さり、感謝しています。

CASE 5　愛犬・愛猫と穏やかに、のびのびと暮らす家

▶ ケーススタディ
担当者に聞きました

代表取締役　一級建築士
塩田 崇
しおた工務店の二代目として活躍している。建築業界で長年培った経験を生かしたデザインに定評がある。無類の猫好きで、趣味は猫グッズを収集すること。

ペットが喜ぶしかけはどんなものをつくられたのでしょう？

ロープをぐるぐる巻きにした猫のぼり棒をつけたり、二階の窓辺に猫がくつろげるちょっとしたスペースをつくったりしました。庭はワンちゃんが自由に走れるドッグランを設置。奥様の居室でもある洋間やリビングから遊んでいる様子が見えるようにしています。

猫のぼり棒

お施主様から書斎で寝転がったときに猫の肉球が見たいという要望があったそうですね。

最初の打ち合わせときから猫や犬の話でとても盛り上がりました。私自身猫が大好きということもあり、猫の気持ちがよく分かるんですよね。ご主人様の希望で、小屋裏（屋根裏の空間）に猫たちが自由に動き回れるキャットウォークをつくりました。
キャットウォークの隙間は猫の足が落ちないよう5cm幅にしています。寝転んで見上げると、猫たちがくつろいでいる姿を見ることができるんですよ。1階にペレットストーブを設置しているので、小屋裏までぬくもりが伝わります。

小屋裏のキャットウォーク

一番苦労されたのはどんなところですか？

猫たちが水道から流れる新鮮な水しか飲まないということでしたので、センサー付きの水飲み場を手づくりしました。猫がカウンターに上がると蛇口から水が出るようにしたのですが、どの場所から猫が来てもセンサーを反応させるのが意外に難しかったですね。試行錯誤の末、やっと完成したときは嬉しかったです。お施主様の愛情が伝わりますね。

庭先でもゆったりくつろげるように、長いデッキを設置。春夏の新緑、秋には紅葉と四季折々の風景が楽しめます

 断熱でこだわっているポイントはありますか？

天井断熱は結露防止などに効果的なセルロースファイバーを使用。外壁面は充填断熱と内張断熱の二重断熱にしています。こちらは2017年のハウス・オブ・ザ・イヤー・イン・エナジー優秀賞を取得したシリーズ「e-neG2（いいねジーツー）」の仕様。窓は冬の暖かい太陽熱を取り入れながらも、室内の熱も逃がさないトリプルガラスの樹脂サッシを採用。結露もなく、高性能な家がかなえる、冬暖かい暮らしを実現します。

ご主人の書斎コーナーは掘り込みにし、足元には床暖房を設置。

景色の良い南側に掘り込みにし、足元には床暖房を設置。大きな吹き抜けがあっても、冬暖かく過ごせます。内装材の一部には広島県産材ヒノキを使用しています

CASE 5　愛犬・愛猫と穏やかに、のびのびと暮らす家

当社の強み

1 地域の気候風土を熟知したプランニング

長年の経験から県北エリアの気候風土を熟知。現地に必ず足を運び、風向き、日当たりの確認を行い、落雪に配慮した屋根の形態、自動車の駐車スペース、太陽の光の取り込みを考慮したプランニングを行っています。
太陽の光と風を取り込み、自然のエネルギーを上手く利用したパッシブデザインによる「省エネルギーハウス」と、住む人の体と心を健康的に育む家づくりを提案しています。

2 自社大工のメリット

建物の施工とともに、断熱と気密も自社大工が熟練の技術で施工。すべての住宅でUA値（数値が小さいほど性能が高い、住宅の断熱性能の値）を計算し、光熱費シミュレーションを行っています。より高い性能、高い技術への挑戦や、施工方法の変更、また新しい建材についても常に情報を共有し合います。確かな技術と責任ある施工で、優れた性能をキープ。職人の丁寧な手仕事も評判のひとつです。

3 木材を使った家づくり

しおたの家づくりの醍醐味とも言える「木」の家づくり。やさしい肌ざわりと木の香り、自然素材に包まれる心地良い家づくりをテーマとしています。家族が健康に過ごし、そして安らげる場所であるために、ずっと快適で心地良く暮らせるやさしい「木の家」をつくり続けます。

4 モデルハウス&ショールームを常設

事務所に併設のショールームや、いつでも見学可能なモデルハウスを兼ね備えております。木の香りが漂うモデルハウス「e-ne（いいね）」はリフォームを意識した提案型モデルハウス。また2018年にオープンしたモデルハウス「SUKU＊SUKU（すくすく）」は、広島大学の学生とコラボした「次世代が住みたい、次世代へつながる家」を形にしたモデルハウスです。土間や吹き抜けでつながる大空間でも、冬暖かく年中快適に暮らせる家づくりを提案しています。

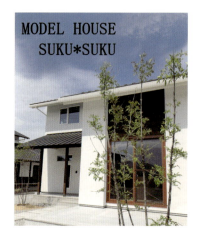

私が担当します！

経理・コーディネート
塩田 緑（左下）

安芸高田市向原町生まれ。経理をはじめ、トータルコーディネートを担当。「主婦目線から家事がしやすい機能的な空間づくりを、提案させていただきます。」

総務・アフターフォロー
湧川礼子（右下）

安芸高田市甲田町生まれ。総務担当。「ホームページやチラシづくりなど、広報的な業務を行っています。細かいことに気遣いができるよう、日々心がけています。」

設計
安本ひとみ（左上）

安芸高田市八千代町生まれ。設計担当。「現場のことを考えながら、設計を担当しています。」

営業・コーディネート
本吉公恵（右上）

大阪府吹田市生まれ。営業コーディネート担当。「お客様の想いをカタチにするお手伝いをさせていただいています」

● 御社の主力メンバーを教えてください

営業、設計、コーディネート、お客様のサポートまで私たち女性スタッフが中心となって行っています。特に収納や家事動線は、主婦目線で提案。子育てや家事の負担を減らし、毎日笑顔で過ごせるストレスフリーな家づくりを、主婦ならではの経験を生かして提案しています。

性能や構造的なハード面は、社長がプロとして的確な判断と提案を、家事、子育て、家族のつながり、日々の過ごし方などのソフト面は、女性ならではの目線でお客様の気持ちをくみとります。

● これからはじまる新たな家づくりに向けての着工式とは？

着工する前に、お客様とスタッフ、職人、社長が一堂に集まり着工式を行います。お客様と職人がはじめて顔合わせをする大切な時間です。お互いがこれからよろしくお願いします、という気持ちが生まれる瞬間でもあります。お客様が描かれた夢のカタチを我々スタッフ一同、全力でサポートしていきます。

社長のポリシー

お客様がどんな暮らしを望まれているのか、しっかりヒアリングをするところから家づくりをスタート。地元の気候風土を熟知した上で断熱、気密など高い性能を持ったやさしい木の家づくりを手がけています。ありきたりなプランではなく、オリジナリティあふれた夢のある家、何年たっても住みたいと思える家づくりを心がけています。また、設計から施工、アフターフォローまで自社一貫体制なので、お客様の細やかなニーズにも柔軟に対応しています。家づくりのヒントがたっぷり詰まったモデルハウスとショールームもご用意していますので、お気軽にお問い合わせください。

1959年安芸高田市甲田町生まれ。幼少期から父の大工小屋で木に囲まれて育つ。広島県立向原高等学校卒業後、広島市内の工務店、三次市内の建築会社を経て、33歳で父親の工務店に入社。1995年「しおた工務店」設立。代表取締役になっても現場第一主義を貫き、建築一筋38年の経験を生かしたお客様目線の家づくりが評判に。個性的だけれども長く住み続けられ、飽きのこないデザインがコンセプト。趣味はボーリングとゴルフ。猫好きで、猫の気持ちが分かる家も多く手がけている。

代表取締役
塩田 崇

ジール

本社：山県郡北広島町有田 3413
☎ 0826-72-2292（代）　FAX：0826-72-2469
安佐支店：広島市安佐北区安佐町鈴張 1882-1
☎ 082-835-2033　FAX：082-835-2259
http://zeal-ie.com/

- 事業内容：住宅設計施工、リノベーション、リフォーム、不動産業
- 取扱工法：在来軸組工法
- エ リ ア：北広島町、安佐北区、安芸高田市
- 創　　業：1970年
- 従業員数：13名（うち一級建築士4名、二級建築士1名、宅地建物取引主任者2名、ファイナンシャルプランナー2級1名、
  福祉住環境コーディネーター3級3名、住宅ローンアドバイザー1名、セキュリティーアドバイザー2名、一級建築施工管理技士1名、
  二級土木施工管理技士1名、給水装置工事主任技術者2名、排水設備工事責任技術者2名）
- 許可登録：特定建築許可建築一式事業＜広島県知事許可(特-29)第5135号＞、
  一級建設業許可土木一式工事業・管工事業ほか＜広島県知事許可(般-29)第5135号＞、
  (株)ジール一級建築士事務所[17(1)3759]号、(株)ジール安佐支店一級建築士事務所15(1)5135号

CASE 6 寒くて暗い築80年の古民家を

相談内容

広島市内で暮らされていた60代の夫婦。夫の定年を機に、終の棲家として築80年の実家をリフォームしたいとのことでした。寒冷地の日本家屋なので冬は寒く、窓が少ないため昼間でも暗いのが悩みでした。わいわい話ができる場所にしたい、古民家をなるべく生かす、という要望に対応してくれる、地元の工務店を探していました。

キーワード
- 定年
- 古民家
- 終の棲家
- 寒冷地

こんな家になりました

「古民家カフェ風」リビングを実現

リビングとキッチンの仕切りを取り払い、「古民家カフェ風」リビングを実現。
開放的な空間に生まれ変わり、いつでも家族との会話が楽しめるようになりました。

施工前　　　　　　　　　　　施工後

キッチンとリビングが別々だったので、料理をしながら家族と会話するのが難しい状況でした。

・面積：90.57m²	・費用：1100万円
・工期：3カ月	・工法：在来木造

カフェ風に

古民家再生

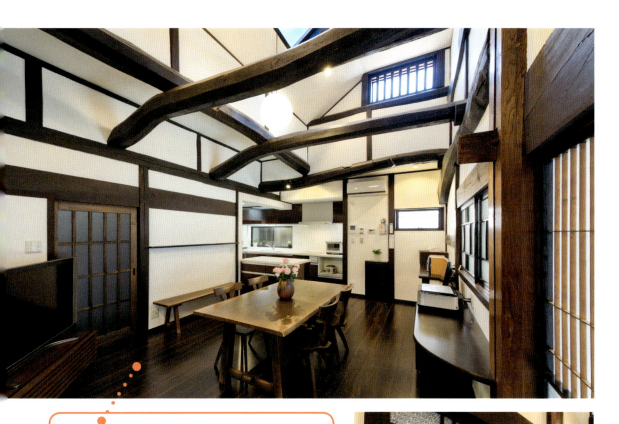

古民家特有の丸太梁を出して天井を高くとり、既存の排煙窓を利用して光を取り込む工夫をしました。LDKと隣室との間仕切りにガラスをはめ込んだ障子を採用したことで、今まで暗かった中部屋まで明るくなりました。

既存の窓を利用したレトロなすりガラスも、周囲と調和させています。

存在感のある梁をあえて見せて。

お施主さんに聞きました [北広島町 S様邸 60代2人暮らし]

思い描いた通りの古民家カフェ風LDKがお気に入りです。

住みながら3回に分けてリフォームしてもらったのですが、ジールさんは細かい要望にも即対応してくださり助かりました。特に気に入っているのは、開放的なLDK。寒い冬も床暖房が心地良く、リビングで家族や友人と過ごす時間も増えました。みんなが集まる賑やかな家になり、大満足しています。

CASE 6 　寒くて暗い築80年の古民家をカフェ風に

▶ ケーススタディ
担当者に聞きました

安佐支店建築部　一級建築士
綿谷 康壮
プロフィール：1987年広島生まれ。広島工業大学専門学校卒業後、(株)ジールに入社。現在は設計、営業、工事管理を担当している。「何事も正直に」がポリシー。

古民家リフォームでの御社のポリシーはありますか？

温故知新。古きよきものはそのまま生かして、新しいものと調和するよう心がけています。今回も蔵や天井からお宝ともいえる貴重な昔の鍵付き箪笥や古道具が出てきて、再利用の方法を考えるのに、とてもワクワクしました。
今回、代々使っていた古い箪笥は、玄関の収納として再利用しました。足踏み式の珍しい農具や古道具などは、インテリアとして取り入れています。LDKにも箪笥を再利用してつくったカウンターを設置しました。

貴重な箪笥や小道具も再利用して趣のある雰囲気を実現しました

LDKのリフォームで一番大変だったのは？

梁があるので、足場を組んでの作業が大変でした。古民家リフォームを考えていらっしゃるお客様から低い天井を何とかしたいという悩みをよく聞きます。存在感のある梁をあえて見せることで、悩みが解消できます。梁をどう生かすかは職人の腕の見せどころ。今回の事例では梁はもちろん、照明の位置にもこだわりました。スポットライトを利用して、木のぬくもりをより引き立てる演出にしています。

梁を見せて天井を高くし、明かり取りの窓を設置。スポットライトの位置にも工夫しました

寒いという悩みにはどう対処されたのですか？

最初はシーリングファンを考えていました。ただ、ペンダントライトをつけたときに、ライトが揺れて気になるということで、高品質の断熱材と床暖房に変更しました。冬でも足もとから温まって快適になったとご満足いただいています。

> 男性・女性用と仕切られていたトイレのリフォームは？

間仕切りを取り払い、開放的なトイレにしました。タイル貼りで、目地の汚れがとれにくく掃除が大変ということだったので、床材は汚れの取れやすい素材を選びました。便器も掃除のしやすい形状を選択。将来的に車椅子が必要になったとき、ストレスなく入室できるよう間口もかなり広くとり、バリアフリーに。ボウル型のガラス製手洗いやリビング空間との調和を考えた職人手づくりのドアもポイントです。

色も建具に合わせて、白と茶でシックに統一しました

> キッチンはどう変化しましたか？

通路が狭いのが原因で、作業しにくいという悩みを聞いていました。冷蔵庫や食器棚を置くスペースを、間取りを変更することで確保。キッチン南側にあった勝手口を北側に移設し、手元を照らす明かり窓を設置しました。現在は料理しやすく、明るい空間になったと喜んでいただいています。

手元を照らす、明り取りの窓を設置しました

社長のポリシー

お客様の仕事、家族構成、趣味、将来の夢などをトータルで考え、充実したライフスタイルを送っていただくためのプランニングを提案しています。また、お客様の未来を考えて、2020年の省エネルギー基準の耐熱性能とエネルギー消費量に関する対応もいち早く導入。月に一度はスタッフで工法、デザイン、法律に関する最新情報を共有するなど、皆様の「家守」として全力を尽くしています。相談会やバスツアー、ショールーム見学なども不定期で開催していますので、お気軽にお問い合わせください。

安佐町鈴張出身。安古市高等学校、修道大学卒業。市内の建設会社に5年勤めたあと、(株)ジールの二代目として代表取締役に就任。くよくよせず、プラス思考で考えるのがモットー。1970年創業の歴史に甘んずることなく、常に新しい考えや技術を取り入れ、進化し続けています。近年は紙媒体やHP、SNSなどで情報発信にも積極的。休日は海釣りやゴルフなどアクティブに行動しています。

代表取締役社長
薮 茂樹

大喜

本社:広島市安佐南区西原3-13-12
フリーダイヤル:0120-963-462　☎082-875-3300(代)　FAX:082-875-3340
http://daiki1970.co.jp/

- 事業内容：注文住宅事業、リフォーム事業、店舗設計施工、エクステリア事業
- 取扱工法：木造在来工法
- エ リ ア：広島市、大竹市、廿日市市、安芸太田町、北広島町、安芸高田市、呉市、東広島市、三次市
- 創　　業：1962年
- 従業員数：12名（うち二級建築士3名、一級施工管理技士1名、二級施工管理技士2名、宅地建物取引主任者1名、福祉住環境コーディネーター2級2名、CASBEE戸建評価員1名、耐震診断士3名、増改築相談員3名、暮らし省エネマイスター1名、既存住宅状況調査技術者1名、水まわりマイスター1名、窓まわりマイスター1名、スローライフマイスター3名、住宅省エネルギー技術者8名、住宅医1名、DIYアドバイザー1名）
- 許可登録：建設業許可番号:広島県知事許可(般-26)第1798号、建築士事務所登録番号:広島県知事登録12(2)第1874号、宅地建物取引業:広島県知事(3)第9685号

CASE 7 ゴロンとくつろげる、畳リビング

相談内容

マンションで暮らしていた30代のYさん家族。隣近所に気がねせずのびのび子育てしたいと、広島市東区の約40坪の土地に家を建てることに。「明るく日当たりの良いリビングで、家族4人が思い思いにゆったり過ごしたい」「家事動線をシンプルにしたい」という希望に、きちんと対応してくれる工務店を探していました。

<u>キーワード</u>　・のびのび子育て　・40坪の土地
　　　　　　　・明るく日当たりの良いリビング　・シンプルな家事動線

こんな家になりました

家族みんながゆったりと過ごせる家

外観はシラス台地の火山流の堆積を主体としたそとん壁とガルバニウム鋼板、木材をバランス良く使用し、「白と黒と板の組み合わせ」でおしゃれに。さらに、駐車場と庭のスペースを確保しながら、ゆったりとくつろげるリビングも実現。中2階をつくり、狭さを感じさせない工夫もしました。

お互いの存在を感じながらも、家族が思い思いに時を過ごせるLDKのゆったり空間。

そとん壁とガルバニウム鋼板、木材をバランス良く使った外観は、黄金比になっているとお客様に喜んでいただきました。

1F

2F

- 面積：129.27㎡
- 費用：2800万円
- 工期：5カ月
- 工法：木造在来工法

のある家を新築 新築

「明るく日当たりの良いリビングで、ゴロンとくつろぎたい」との希望をかなえた、ペレットストーブのある南向きの畳リビング

窓際の腰掛けベンチは、庭に設けられたデッキとつながっています。

内装では、吹上天井と桁裏の素材を同じにして一体感を。

キッチンの横に中2階を設け、図書コーナーに。空間に広がりを出しました。仕切りがないので、キッチンやリビングからも家族の気配が感じられます。

お施主さんに聞きました ［広島市東区 Y様邸 30代ご夫婦と子ども2人の4人暮らし］

希望や好みを私たち以上に理解してもらい、家のすべてが気に入っています

住宅展示場で大喜さんの家を見て、素材や質感、洗練されたデザインが気に入り、私たちの考えをきちんと反映してくれるのではと、依頼しました。私たちの希望や好みを、私たち以上に理解してもらい、提案していただいたプランがすべてしっくりきました。この家の全部が気に入っていて、世界一好きな家です。

CASE 7　ゴロンとくつろげる、畳リビングのある家を新築

▶ ケーススタディ
担当者に聞きました

暮らしアドバイザー
高矢 大輔
1989年広島市生まれ。広島工業大学環境学部環境デザイン学科卒業。営業やデザインから住宅ローン・税金関係まで、あらゆる相談に対応。年間20棟ほどの物件を手がける。

間取りや広さなどのプランを立てる上で、最も意識されていることは？

休日の過ごし方や食事、洗濯の時間など、お客様の生活スタイルを聞きながら、アイデアを出していきます。今回は「庭の見えるリビングで、家族がほどよく自分のスペースを確保しながら、ゴロンとゆったり過ごしたい。家事動線をシンプルにしたい」という思いに沿える提案をしました。

具体的にはどのような提案をされたのですか？

車が2台置ける駐車場と庭の両方がほしいとのご希望でしたので、1台分はビルトインガレージ（建物内部に駐車場を設けるガレージ）に。庭でリビングの広さが限られてしまうため、洗面所とバスルームは2階に。さらに、中2階を設けて図書コーナーをつくり、上はご主人の部屋に。ゆったりできる空間を十分に確保しました。

中2階の下は収納庫、上はご主人の部屋に

キッチンを使いやすくするために、どのような提案を？

「キッチンで毎日使うお鍋やボウルなどは、出し入れがしやすい収納を」という奥様からのご希望で、シンク上にオープンの収納スペースを設けました。カウンターを高くし、雑多な調理器具が見えないように。リビングから死角になるシンクの隣にも、物の出し入れが容易にできる扉のないパントリーをつくりました。キッチンからの動線を考え、中2階の下には床下収納もあります。

シンク上の収納スペースと、横にある扉のないパントリーは、リビングからは見えません

キッチンは家族の顔を見ながら会話できるよう対面式に

洗濯動線はいかがですか？

洗濯は入浴後に行う家事スタイルとお聞きしました。そこで、洗面所とバスルームを2階に配置し、さらにクローゼットと物干し場も動線上に集めました。そのため、洗濯後すぐに干せて、取り込む、畳む、しまうという一連の作業が効率良く完了。吹き抜けからは1階のストーブの暖かさが上がり日差しも入るので、洗濯物がよく乾くと喜ばれています。

洗う、干す、取り込む、畳む、しまうという作業動線が短く楽になりました

 玄関はどうなっていますか？

帰宅後すぐに手を洗うことができるように、玄関ホールに洗面台を設けました。近くにあるトイレの手洗いも兼ねており、玄関からは見えにくい配置になっています。また坂道に面した土地の傾斜を吸収するため、玄関の上がり框（あがりかまち）（玄関などの上り口に取り付けた横木のこと）は緩やかな2段にして、使い勝手を良くしています。

玄関の上がり框は緩やかな2段に

CASE 7　ゴロンとくつろげる、畳リビングのある家を新築

当社の強み

1 木材の産地・強度・乾燥にこだわる

木造住宅の構造材として、強度が高く品質が安定している高知県産のヒノキやスギを使っています。社長自ら伐採場所に出向き、きちんと管理された場所で育ったものかを確認。含水率（木材に含まれる水分の割合）を、建築資材に適した20％以下にするための、乾燥法にもこだわります。短期間の高温乾燥では焦げや内部割れが起こり強度に問題が出るため、1日だけ110℃以上の高温減圧乾燥後、70〜80℃の中温でじっくり乾燥させる方法を選択。1本ずつ木材の強度と含水率をチェックし、最終的に自社の基準をクリアした木材だけを仕入れています。

2 より良い家づくりを目指し、社員全員で委員会活動

社員全員が①デザイン、②現場美化、③ホスピタリティーのいずれかの委員会に属し、年1回メンバーを替えながら活発に話し合いをしています。それぞれ、①大喜の住宅としての標準仕様について、②現場を整理整頓して職人の安全性を保ち、お客様からも良い評価を得るには、③お客様に感動していただける手法、などを議論します。②と③の委員会は、他社の現場見学なども行います。意見は毎月の会議で発表し、日々の仕事にフィードバックしています。

大喜のスタッフ

3 お客様と一緒につくる「参加型家づくり」

当社では、壁の珪藻土や床材に塗る自然塗料をお施主さんと一緒に塗るなど、「参加型の家づくり」を積極的に提案しています。

参加型の家づくり（珪藻土を塗る様子）

4 暮らしLaboをプロデュース

社長の発案で、2018年4月から毎月1回、安佐北区の古民家で、暮らしや健康、遊び、体感、体験など、日常のあらゆる暮らし方を提案するイベントを開催しています。ホスピタリティー委員が、野菜づくりや薪割り、ピザやバームクーヘンづくり、けん玉、凧揚げ、子ども工務店、自然素材・人工素材の比較体感ルームなど、さまざまな催しを企画。大喜で家を建てられたOBのお客様や現在進行中のお客様に、イベントを通して交流を図っていただき、お客様同士の意見交換をしていただくことができます。

暮らしLaboの開催案内

私が担当します！

暮らしアドバイザー
高矢 大輔

出身：広島市生まれ
学歴：広島工業大学環境学部環境デザイン学科卒業
趣味：バイクカスタム、車、釣り、家づくり
メッセージ：趣味はいろいろありましたが、今では四六時中、家のデザインを考えるほど夢中になっています。お客様には、家好きの人と話をするような感覚で、何でも気軽にお話ししていただきたいです。

● 暮らしアドバイザーとは、どんなお仕事ですか？

お客様とお話ししながら、いろいろな想いをくみ取り、最適な間取りのプランを一緒に考え、目に見える形にしていきます。住宅の外観や室内について、お客様が納得されるまで、何度も立体図を描き直すことも。また設計図のラフ作成や、ご希望に沿う住宅用の土地探しもします。さらに資金計画や住宅ローン、登記、住宅取得控除、相続などの税金関係等、家づくりに関してのどんなご相談にも対応しています。

● 仕事に関して心がけていることやこだわりは？

家のデザインを考えるにあたり、お客様が何に興味を持たれているか、どんな生活スタイルかを会話から察知し、日当たりや収納の多さ、広さなど、そのご家族に必要なものを取捨選択しています。そして、より愛着を感じていただけるよう、お客様が人に自慢できるこだわりポイントをどこかにつくります。ご要望は予算に応じて、できるだけ現実化できるようご提案します。快適で健康的に暮らすための家の基本要素となる高気密・高断熱に関しては、ご納得いただけるまで説明します。また入居後に気になられることがあれば、どんな些細なことでも気軽にSNSでご相談いただけるようにしています。

空間の上手な活用や、隙間を利用した収納など、自慢できるこだわりポイントをつくりました

社長のポリシー

地域に根ざした大喜の家づくりは、お客様の想いを真摯に聞くことから始まります。想い描かれている理想の住まいのイメージを大切にし、その形をどのように創造できるかをテーマとして掲げ、プロの視点からのアドバイスとサポートに徹して、お客様の意向をできるだけ反映した住空間の実現を図ります。そして、長く安心して暮らしていただくために、「長期優良住宅の基準」を標準とし、腕の立つ地元の職人が、国産木材を使用して環境にやさしく、耐震・耐火・耐久性や省エネ性能の高い家づくりを行っています。お気軽にショールームの見学にお越しください。

1967年生まれ。広島市安佐南区出身。広島工業大学広島高等学校、広島工業大学工学部卒業。大手ハウスメーカーに3年間勤務後、家業の工務店に入社。2011年代表取締役に就任。お客様の感動を次の仕事の糧にし、前向きに行動することをモットーとしている。
趣味はサックス演奏やゴルフのほか、安佐北区の古民家で月1回、暮らしLaboを開催し、お客様と野菜づくりや薪割りなどを楽しむこと。安佐南区に妻・子ども2人・トイプードルと暮らす。座右の銘は「想いをひとつに」。

代表取締役
柿田 勝司

中谷建設工業

本社:呉市中央3-3-17
フリーダイヤル:0120-44-1335　☎0823-21-2420　FAX:0823-21-2445
http://www.nakatani-custom.co.jp/

- 事業内容：住宅設計施工、リノベーション、リフォーム、不動産業
- 取扱工法：木造軸組工法、パネル工法
- エ リ ア：呉市とその周辺
- 創　　業：1977年
- 従業員数：7名（うち一級建築士2名、二級建築士1名、一級建築施工管理技士1名、二級建築施工管理技士1名、
　　　　　　一級土木施工管理技士1名、宅建士1名）
- 許可登録：建設業許可＜広島県知事許可(特18)第10097号＞、宅地建物取引業者免許＜広島県知事許可(6)第6343号＞、
　　　　　　建設設計事務所登録＜株式会社中谷建設工業 一級建築士事務所 広島県知事登録08(1)第1004号＞、
　　　　　　住宅保証機構登録＜(10年保証制度)登録番号10007030＞

CASE 8 人が集い、笑顔が広がる

相談内容

お子さんが3人いる40代のA夫妻。市内の高台にある妻の実家から、暮らしやすい海岸通りに転居することに。忙しいご夫婦なので、ご要望はとにかく高機能で家事の負担が少ないこと。ご主人が転勤中で出張も多いため、全員のコンセンサスを取るのが大変でしたが、土地選びから2年近くかけて、ご家族の希望をじっくりと形にしていきました。

キーワード　○高性能　○パーティー　○採光　○道路沿い

こんな家になりました

光と風を取り入れた、暮らしやすい住まい

三方向を住宅に囲まれているため、窓の位置を工夫し光のたっぷり入る住まいに。LDK前の庭に広めのスペースを設けたのでパーティーも楽しめます。

プライバシーに配慮しつつ、光と風を取り入れるよう工夫しました

1F

2F

- 面積：213㎡
- 費用：非公開
- 工期：6カ月
- 工法：在来

開放的な住まい

新築

たっぷりの光に包まれた空間

限られた条件で住まいに光を取り入れるため、できるだけたくさんの窓を取り付けました。

階段もスケルトン仕様にし、より開放的な雰囲気に。

お施主さんに聞きました［呉市 A 様邸 5人暮らし］

じっくり時間をかけ、思い描いていた高機能の住まいをつくることができました。

夫が転勤で連絡が取りにくかったにも関わらず、細かな要望にも丁寧に対応していただきました。私はお客さんを呼んでワイワイするのが好きなのですが、それにぴったりの住まいをつくることができました。パーティーにも来ていただいて、家ができてからも中谷建設工業さんとは良いお付き合いが続いています。

CASE 8　人が集い、笑顔が広がる開放的な住まい

▶ ケーススタディ
担当者に聞きました

代表取締役　一級建築士
中谷 和紀
地元ゼネコンを経て、15年前に家業を継いだ三代目。
設計から施工管理まで幅広く担当する。

御社の住まいづくりのポリシーは？

細かい部分まで計算し、本物にこだわる家づくりです。今では無垢材や漆喰の壁など、天然素材を使うことは珍しくないですが、当社は10年以上前から使ってきました。健康面での安心や暮らしの心地良さ、耐久性や機能性にも優れているからです。土地の条件、ご家族の構成、お好みのテイストなど、そのご家族の家を建てる目的をくみ取り、それに合った高性能の住まいをお届けすることです。

この住まいで難しかった点は？

高台にある家が不便との理由で、交通や生活の便が良い海岸通りに土地を買われました。しかし、三方を家に囲まれているため、プライバシーを守りつつ光と風をうまく取り入れる工夫をする必要がありました。1階には大きな天窓、2階の日当たりの良い南側にはバルコニーをつくり、家全体に光と風が行き届くようにしました。窓は外から見えにくい横長にし、高い位置に設けています。一方で、奥様は夜勤があるので寝室は北側にし、より高い位置に明り取りのための窓を設けました。

たっぷりと光の入る天窓

夜勤のある奥様がいつでも安眠できるよう、枕元には暖色を取り入れ、窓も高い位置に付けました

家事の負担を少なくする工夫は？

旦那さんが遠くにおられ、奥様が働きながら一人で子育てをしておられるため、「奥様が楽しく暮らせる家」がご希望でした。家事が楽になるよう、生活動線をできるだけ短くしています。奥様はお友だちに料理を振る舞うのがお好きなので、キッチンはデザインよりも機能性を重視したものというご要望でした。短時間で調理ができ、掃除も簡単なものを探すため、キッチン選びには私が5回付き合いました。

無垢フローリングのLDK。掃除がしやすい機能的なキッチンを選び、くつろげるスペースもたっぷり取りました

> 間取りなどで工夫した点は？

LDK前の中庭には10畳のデッキを設け、みんなでバーベキューなどが楽しめるようにしました。3人いらっしゃるお子さんの年が離れているので、下のお子さんが大きくなる頃には上のお子さんは独立しているとのことで、子ども部屋は2部屋にしました。その一方、年頃の娘さんがいるので、洗面所と脱衣所は分けています。また、近い将来奥様のお母様との同居を考えておられるので、階段や浴室などには手すりを付け、仏壇を置くためのスペースもつくりました。そこは今、収納に使われています。

人が集まることが好きな奥様の要望に答え、広々としたLDKの前にはタイル張りのデッキを設け、バーベキューなどが楽しめる空間に

> 間取りの説明をされる際に、わかりやすくする工夫は何かありますか？

立面図や平面図を見ても、一般の方はなかなかイメージを浮かべにくいものです。でき上がった家がお客様の思いと違うものにならないよう、模型をつくってご説明するようにしています。スマホの光を当てて太陽のあたり方を実感してもらったり、カメラ機能を使ってズームした写真を撮影したものを見てもらったりして、実際に住んだときの感覚をつかんでもらっています。

住まいを具体的にイメージしてもらえるよう、模型を使って解説

社長のポリシー

お客様の幸せは、私たちの幸せ。当社が願っているのは、住まいづくりを通して、「みんなが幸せになる」ことです。家を建てるという大仕事は、どなたにとっても簡単なことではありません。それだけに、完成したときの喜びは大きく、その笑顔が私たちの明日への力の源になります。私たちは見えない部分にも徹底してこだわり、構造、耐久性、断熱性、デザイン性など、すべてにおいて最高水準にある住宅を低コストでご提供し、たくさんのお客様の最高の笑顔に出会うことができるよう、努力を続けています。

1974年、呉市生まれ。呉三津田高等学校、近畿大学工学部卒業。大工の棟梁だった祖父がはじめた会社の三代目。大学卒業後は地元のゼネコンに就職し、店舗やマンションの建設に携わった後、父の会社に入社。現在のお客様の顔が見える仕事は、大手にはないやりがいを感じている。趣味は野球観戦で多いときは年に30回ほどカープ戦に出かける。お客様との付き合いを大切にし、一緒に観戦を楽しむことも。年末にはお施主さんをお招きして餅つき大会も開催する。

代表取締役
中谷 和紀

なごし住宅

本社：廿日市市串戸4-4-51
☎0829-32-1130　FAX:0829-32-9338
http://www.nagosi.com/

- 事業内容：戸建て新築・リフォーム、耐震改修、マンションリフォーム、不動産売買
- 取扱工法：木造軸組工法
- エ リ ア：廿日市市、広島市周辺
- 創　　業：1992年
- 従業員数：3名（うち一級建築士1名、二級建築士1名、宅地建物取引主任者2名）
- 許可登録：建設業許可番号：広島県知事許可(般-27)第25947号、
建築士事務所登録：一級建築士事務所広島県知事登録18(1)第2427号、
宅地建物取引業：広島県知事(7)第7754号

CASE 9 家事がしやすく、薪ストーブの

相談内容

広島市在住30代のFさん家族は、実家のある廿日市付近で家を新築するための土地を探していました。実家の父も、自宅近くで畑づくりができる土地を探していました。1年後、2家族に合う900㎡の土地が見つかると、「家事がしやすく、薪ストーブのある自然素材の家」を望むFさんは、担当者から家づくりに対する熱い思いを聞き、ここならと家づくりを託すことに。

キーワード
◦畑もつくれる宅地　◦自然素材　◦薪ストーブ　◦家事がしやすい

こんな家になりました

土間玄関とリビングが直結。広々とした空間に

土間玄関(奥左手)から直結したリビング。入り口には、ご主人の夢だった薪ストーブが設置され、家全体の暖房を担っています。

1F

2F

・延床面積：137.36㎡　　・費用：2700万円(太陽光発電システム工事込、外構工事別、税込)
・工期：6カ月(土地探しから打ち合わせを経て完成まで2年半)　・工法：木造軸組工法

ある家を自然素材で

新築

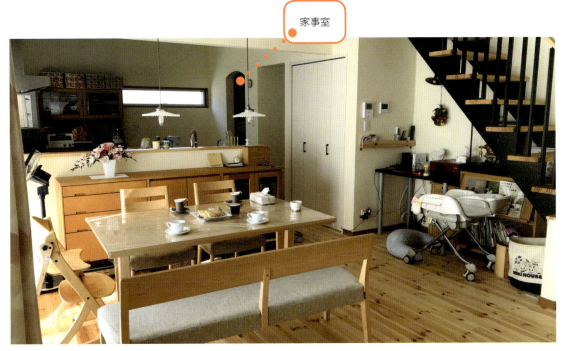

家事室

左手の1階和室の屋根部分は、子どもたちと遊んだり、星を見たりできるバルコニーにしました。

薪ストーブの煙突がアクセントになっている家の外観。家の裏側にはお父様がつくる畑が広がります

リビング階段の下は、机を置いて書斎コーナーに。キッチンの右手には白い扉の収納庫とアーチ型に入り口をつくった奥様の家事室(中央奥)

梁を見せたリビングの天井。

お施主さんに聞きました [廿日市市 F様邸 30代 4人暮らし]

人が集まれる家になりました! 来た人におしゃれな家と言ってもらえます。

玄関直結リビングと、キッチンを広くしたことが良かったです。また、断熱性や気密性が高いせいか、冬は暖かく夏は涼しいのが長く続きますね。費用対効果が最大になるよう考えていただきました。理想が高すぎる夫が、嬉しそうに家のことを話す姿が見られてよかったです。また、この家に住んでから後に相談した際の対応も早くて、安心しています。

CASE 9　家事がしやすく、薪ストーブのある家を自然素材で

▶ ケーススタディ
担当者に聞きました

代表取締役　プランナー
名越　知徳
明治から続く老舗工務店の五代目社長として経営に携わるほか、きめ細かいプランニングを行うなど、家づくりすべてに関わる業務に勤しむ。

注文住宅をプランニングする際、心がけていることは何ですか？

ご要望をかたちにしていく過程で、お客様にも積極的に参加してもらいます。家づくりの醍醐味を存分に味わっていただきたいのです。構造や性能などに関しては、国が認定する長期優良住宅の仕様基準をクリアするための必要な提案をきちんと盛り込めるよう、アドバイスさせていただきます。

施主さんの夢は、どのように具体化されたのですか？

土間玄関とリビングが直結した間取りにし、上がり口に薪ストーブを設置しました。玄関はシューズクロークを含めて4畳半あり、薪を置いたりちょっとした作業をしたりできるので、とてもご満足いただいています。薪ストーブは家全体を暖められる出力のものを選びました。リビング階段から2階まで上がった暖気は、階段上に付けたシーリングファンで循環しますので、暖房効率は良いです。室内干しの洗濯物がよく乾くと、奥さまからも喜ばれています。

ご主人ご要望の土間玄関。ストーブ用の薪も積めるし、ちょっとした作業も可能に。ベビーカーや自転車を置くこともできます

リビングの天井は梁が見えますね？

これは発想を転換したプランです。はじめ、お客様はリビング中央の床を下げたいと言われたのですが、明確な理由はなくデメリットもあるので、何度かやり取りするうちに開放感がほしいのでは、と思い至りました。そこで梁を見せて天井を通常より30〜40cm高くするご提案をしたら、気に入ってくださったのです。また自然素材を使いたいとのことでしたので、床は軟らかさのある無垢のパイン材を使い、壁にも調湿機能の高い珪藻土を塗りました。

最も大変だったのはどこでしょう？

キッチン周りのプランを具体化するのが大変でした。ご要望は、LDKは常にスッキリ片付けておきたいので、奥様がお仕事から帰宅後に、身の回り品を置く場所がキッチンの近くにほしい、キッチンには、調理器具を広げても邪魔にならない広い作業スペースを、というものでした。最初は内容がとても抽象的で床面積も未定でしたので、思いをくみ取って具体化し、納得していただくのに半年以上かけ、何度もプランを練り直しました。

具体的にどうなりましたか？

キッチン横に2畳ほどの家事室をつくり、奥様のものが置けるようにしました。キッチンは8畳ほど取り、オプションで収納付きの独立した調理台が選べる、L字形のシステムキッチンを探すため、いろいろなメーカーに当たりました。調理台とL字部分で作業スペースが十分確保できるので、気に入っていただきました。

独立した調理台と、L字形のシステムキッチンで作業スペースを確保。将来、子どもたちとも一緒に料理づくりを楽しめます

 2階で工夫されたところはありますか？

本をたくさんお持ちで、将来的にはピアノを置く可能性もあるとのことで、床を太い梁で補強した扉のない4畳半のホールをつくりました。お子さんたちが遊んだり、棚に並べた本を広げてもいいねと、このフリースペースの活用法を楽しんで考えられているようです。

本棚やピアノが置けるよう、床を補強した2階のホール

社長のポリシー

長期的な視点からみて、国の認定する長期優良住宅の基準をベースとするような、心地良く健康的に暮らせる価値の高い家を供給し続けることが、お客様にとって有益であると思います。また建築後の点検・修繕・リフォームなど、その住宅の記録がわかれば、資産性もより高まると考え、「住宅履歴情報（いえかるて）」にも登録を行っています。家づくりについてお尋ねになりたいことがあれば、何でもご相談ください。また住まいづくりや資金についてのセミナーも不定期で開催しておりますので、お気軽にご参加ください。

東京都江東区出身。修道高等学校、法政大学法学部卒業。大手ハウスメーカーの営業マンとして3年間勤務後、お客様に寄り添った仕事がしたいと、地元に戻り家業の工務店に。2012年に代表取締役就任。家という一生に一度の大きなお買い物のお手伝いを通して、地域社会に貢献したいと考えている。廿日市市在住で、趣味は野球、水泳、歴史、音楽、映画。信条は「自分に嘘をつかないこと」

代表取締役
名越 知徳

ハイランド・ハウス

本社:広島市安佐南区山本1-18-23
フリーダイヤル:0120-86-6747　☎082-874-6747　FAX:082-874-2779
https://www.highlandhouse.co.jp

- 事業内容：総合建設業、建築設計・施工監理、宅地建物取引業
- 取扱工法：在来軸組工法、ツーバイフォー工法など
- エ リ ア：広島市全域(安佐南区中心)、廿日市市
- 創　　業：創業　1953年、法人設立　1965年
- 従業員数：5名(一級建築士:1名、建築施工管理技士:2名、宅建取引士:2名)
- 許可登録：建設業許可(般-28)1303号、宅地建物取引業者免許証(14)1469号、一級建築士事務所15(1)4110号、適合証明業務登録建築士事務所

CASE 10 定年をきっかけにリノベーション

相談内容

キーワード
- リノベーション
- 長期優良住宅化リフォーム
- 珪藻土
- 定年

25年前に建売の新築を購入された60代のご夫婦。建物の日照条件や断熱性能が悪く、冬の寒さに不安を覚えていました。2人のお子さんが巣立って数年、ご主人の定年をきっかけに、自宅でより快適に暮らせるよう終の棲家としてリノベーションを決意。間取りの変更もすることにしました。

こんな家になりました

ずっと居たくなる、快適な住まい

以前は、1階にあるLDKと和室がそれぞれ分かれた空間でした。和室を洋室に改修し、LDKとつなげることで26畳超の大空間に。

- 面積：100.84㎡
- 費用：1550万円（税抜）
- 工期：4カ月
- 工法：木造軸組

2人で暮らす終の棲家

リノベーション

キッチンに対面カウンターを設置。かつて食堂の中心にあったテーブルに替わり、ここが2人の定位置に。夫婦の距離が縮まり会話も増えました

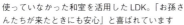

使っていなかった和室を活用したLDK。「お孫さんたちが来たときにも安心」と喜ばれています

キッチン対面のカウンターを挟むように、窓際にも幅広のカウンターを設置。趣味の読書やアイロンがけに重宝しています

壁の下地にマグネット・ボードを施工。ちょっとした案内や書類も壁に穴を開けずに掲示できます。

課題など	主な対策（改修場所）
冬の寒さ	床と壁に高性能断熱材を施工 家すべて（20箇所以上）を高性能のサッシに 浴槽を保温浴槽に。脱衣所と浴室は暖房も設置
湿気	発生源の風呂をユニットに替え湿気が逃げないように 床下は防湿シートと乾燥砂で湿気をシャットアウト 1階はすべて珪藻土にして調湿効果をUP 洗面やトイレに換気扇を設置
地震	耐力壁の補強 柱や土台などを金物で補強
採光	リビングの掃き出し窓を大型化 キッチンのたれ壁をとり、リビングからの採光量をUP
収納	1階　和室→洋室の間取り変更で収納力UP 階段下などデッドスペースに収納を新設 使っていない小屋裏に、収納スペースを設置 かつての子ども部屋に、押入れを新設
間取り	玄関横の壁位置を変更し、廊下を拡張 1階和室を洋室にし、LDKとつながるように 1階の各部屋をバリアフリーに

お施主さんに聞きました
[安佐南区　H様邸　60代2人暮らし]

細かいところに気配りとアイデアが満載！

社長は大工さんご出身なので、職人さんと一緒にさまざまな工夫や細かな点に配慮していただきました。使いやすいカウンターテーブルや仏壇の位置、階段下収納の提案にもたいへん満足しています。また、補助金を使ったおかげで費用も抑えることができ、シンプルで安心感のある家が完成しました。

CASE 10　定年をきっかけにリノベーション　2人で暮らす終の棲家

▶ ケーススタディ
担当者に聞きました

代表取締役　一級建築士
髙原　慎司
大工の棟梁に弟子入り後、24歳で独立。実父の死去に伴い家業の工務店を継承し現在に至る。

　長期優良住宅化リフォームを使われた、その経緯は？

お施主さんの主なご希望としては、「寒くない」「空間を広く」「シンプル」という点でした。一方、「リフォームは何度もできるものではないから、できる限りの最良を」というお話だったので、「耐震性」「省エネ性」「バリアフリー」の向上も視野に入れて、さらにコストを抑えるため、本事業を活用しました。

　「耐震性」アップのために、具体的に何をされたのですか？

まず、耐震調査を実施しました。その上でN値計算を行い、①基礎はコンクリートのひび割れを樹脂注入で補修、②柱・梁桁・土台などは改めて必要箇所を金物で補強、③壁は構造用合板・筋交いなどで面として支える——というような作業を行いました。今回の場合、計算上の耐震性は以前の1.5倍に上がりました。

1階、2階の柱は金物で補強しました

基礎部分のひびも見逃さず樹脂で補強

　築25年の家というとまだ新しそうですが、省エネ性能は低いのでしょうか？

国の「住宅の省エネルギー基準」が変わった1999年より前の戸建ては、省エネ性能は低いでしょうね。加えて、H様邸がある安佐南区は市内平野部と比べると、冬場の気温は2〜4℃は低いため寒かったのではないでしょうか。

　「断熱性」については、どのような施工をされましたか？

直接的な断熱性の向上でいうと、①充填剤による断熱（壁・天井を高性能グラスウール、床は吹付けウレタン）、②建具（窓サッシ、玄関ドア）の交換、③外壁改修（断熱遮熱塗料〈ガイナ〉の塗装）、④設備交換（ユニットバス、保温浴槽）を行いました。

1階外壁と天井には高性能グラスウール、床は発泡ウレタンで断熱

ユニットバスを設置

快適な住まいの対策はどのような工夫をされましたか？

1階の内壁をすべて珪藻土にして湿度を下げ、体感温度を上げる工夫をしました。さらに床材をナラに替えたことで、肌に触れたときのぬくもりも感じられます。家全体の断熱・風通し・調湿対策をしたおかげで、冬の寒さにも夏の暑さにも効果を発揮できる住宅になりました。2階の居室の熱対策（真夏）として、屋根に棟換気を取り付けました。
「エアコン1台で十分なほど快適」とご満足いただいています。ご近所から「最近、声が聞こえなくなった」といわれるほど防音性も高まりました。

1階はクローゼットの中まで、すべて珪藻土壁で塗り替えました

1階の床は落ち着きのある無垢のナラに変更し、温かな印象になりました

 今回のリノベーションでの苦労や成果を教えてください

お施主様が住まいながらのリノベーションでしたので、工期も多少長くかかりました。しかし、結果的にお互いのコミュニケーションが密にとれ、一時住まいのコストが節約できました。私たちの仕事は工事完了して終わりではありません。H様は今もお元気ですが、将来何か起こったときのことも考え、廊下の拡張やバリアフリー化を行い、20年後のことも想定して設計施工しています。引き渡し後も気楽にお声がけいただいていますが、そうした関係性が、一番の成果です。

玄関からのアプローチを拡張し、車椅子でも楽に通れる広さに。さらに、門扉→玄関→廊下までセンサーライトを設置。手がふさがった状況でも出入りが容易になりました

社長のポリシー

当社では「1日でも早く住める家」より「1日でも長く住める家」をモットーに、丁寧な家づくりを行っています。建築士としての技術を生かし、断熱や耐震性能を向上させる大規模なリノベーションを得意としています。これまでに手がけた工事実績は2270件以上。近年では、耐震診断・ホームインスペクションにも力を入れています。平成12年度以前に建てられた家で、一度も耐震診断をされていない方や、既存住宅の性能向上をお考えの方は、ぜひご相談ください。

1962年生まれ。広島市安佐南区出身。広島工業大学付属高等学校卒業後、大工の棟梁に弟子入り、24歳で独立。その後、実父の死去に伴い家業の工務店を承継し今に至る。一級建築士、一級施工管理技工、宅地建物取引士の資格も持つ。趣味は、音楽鑑賞と神社仏閣巡り。毎月、宮島に一日参りをしている。生粋のカープファン。

代表取締役
髙原 慎司

橋本建設

本社:広島市安佐南区上安1-1-29
☎082-878-1110　FAX:082-878-1109
http://www.hashimoto-k.co.jp/

- 事業内容：住宅建築、増改築業務、伝統建築
- 取扱工法：在来軸組工法
- エ リ ア：広島市全域、車で90分圏内
- 創　　業：創立　1872(明治5)年3月　／法人設立　1982年4月
- 従業員数：17名(うち一級建築士5名　二級建築士5名　木造建築士5名　一級施工管理技士3名
　　　　　　　既存住宅状況調査技術者10名　宅建士2名　住宅ローンアドバイザー3名)
- 許可登録：建設業＜建築業広島県知事許可(特30)第16361号＞
　　　　　　　宅地建物取引業＜広島県知事許可(8)第6648号＞、建築士事務所登録＜広島県知事登録17(1)第0576号＞

CASE 11 子育ても趣味も楽しめる

相談内容

お子様が生まれるのをきっかけに「子どもの成長を見守れる家を建てたい」と思っていた30代のT夫妻。木を多く使った機能的な注文住宅を探していたが、ご縁があり奥様の実家を担当した橋本建設に依頼。土地探しからアドバイスを受け、三滝山を背後に自然と調和する白壁の戸建てをつくった。

キーワード ◦無垢の床 ◦DIY ◦珪藻土 ◦家事動線

こんな家になりました

1階と2階で異なる表情を演出

1階は玄関からすべてウォールナットの床材を敷き詰め、壁は白の漆喰を施工。家具と照明はTさんチョイスで北欧風にアレンジ。シンプルで暖かみのある雰囲気になった。一方、家族だけのスペースである2階（および階段）は、床を無垢の杉材に、壁は白い壁紙に合わせた。小窓も多く取り、光に包まれたやわらかな空気感をつくっている。

外壁は腰板と白の漆喰。黒の切り妻屋根で和の落ち着いた外観に

1F

家族団らんの場である1階のLDK、ウォールナットの床と北欧のデザイナーズ照明でカフェのような雰囲気に

2F

- 延床面積：117.58㎡
- 費用：2150万（税込）
- 工期：4.5カ月
- 工法：在来軸組木造

漆喰とウォールナットの家

新築

1階トイレは北欧風の鮮やかな緑色に。当初は「リビングの壁もこの色にしようと考えていた」

将来間仕切りを入れ、子ども部屋をさらに増やすことも想定（2階フリールーム）。

濃いブルークロスと梁を見せた天井で、屋根裏のような空間に（2階寝室）

家事は動線で効率的に

誰にでも家事がしやすいように、家事動線にはこだわりました。洗濯をする、干す、の作業が一気に行えるようにランドリー・ルーム（浴室）とウッドデッキを近接。さらに、キッチンもそばにあるため、ながら家事には最適です。玄関横には、オープンクローゼットを設置。またお子さんたちが自分で荷物の出し入れがしやすい空間にしました。

洗濯後、すぐに物干しスペースに行けます。

ランドリールームから続く物干し場。屋根があるので急な雨でも安心

玄関前のオープンクローゼットは階段下スペースを利用。

お施主さんに聞きました ［広島市西区 T様邸 30代 4人暮らし］

細かいこだわりに応えていただき、素敵な家ができました！

リビングの壁の色や掃き出し窓の位置などいろいろと迷いましたが、社長自らが妻と私の両方の意見を聞いて、上手に調整いただきました。玄関の灯取りの丸窓やシステムキッチンの高さなど、妻の思いも反映され満足しています。こんな風にしたいという写真を社長に見ていただき夫婦のイメージを共有してくださるなど、柔軟に対応いただきました。

CASE 11　子育ても趣味も楽しめる漆喰とウォールナットの家

▶ ケーススタディ
担当者に聞きました

代表取締役
橋本 英俊
2級建築士　宅建士　住宅ローンアドバイザー
ハウスメーカーで7年間営業職を経験した後、2004年に橋本建設へ入社。営業部を立ち上げる。2010年から代表取締役に。
今までの経験からメーカーにはできない、お客様に寄り添った工務店ならではの住まいづくりを心がけています。

　資金面でのご提案はありましたか？

「地域型住宅グリーン化事業（高度省エネ型）」という国交省の事業をご提案しました。簡単にいうと、条件を満たした省エネ住宅を建てると100万円超の補助が国から出るというものです。T様邸が広島県の第1号でした。このようにお客様にお得になる情報はないか、常に国の施策などにアンテナを張っています。

　設計段階で注意したのは？

ペレットストーブを設置したいというご希望があったため、家全体が暖まるよう「空気の流れ」にこだわりました。1階と2階は半吹き抜けにして、勾配天井を利用しストーブの熱が自然と2階に流れるよう設計しました。ただ、高断熱の家のため、「リビングのエアコンで十分暖かい」と結果的にストーブはあまり使われていないようです。

障子小窓のおかげで、空気の流れを調整できお子さんの様子もうかがえます

リビング上部の勾配を利用して、空気が流れるように設計

リビングには物干し竿のフックを設置。たくさんの洗濯物もすぐ乾きます

施工の苦労はありましたか？

変形した土地に和風の外観、ビルトインのバイクスペースなどお客様のご要望と、採光、通風、耐震性などを入れてのプランニングが大変でしたが、1回目のご提案で気に入っていただけ大きな変更もなく着工できました。また、工事中はリビングの塗り壁の仕上げ（塗り方）がイメージと違ったとのことで、再施工させていただきました。サンプルはつくってご確認いただいたのですがイメージの共有の難しさを改めて痛感しました。

 内装・建材などのこだわりは？

1階の床はウォルナット、2階の子供部屋と寝室の床は軟らかい杉の無垢材、を採用しました。柱は4寸の木曽東濃桧を使っています。

子どもにも安心安全な無垢材を使用しました

 その後、お施主さんとはどのようなコミュニケーションを取られていますか？

ご主人様のご趣味がDIYということで、ちょこちょことご相談を受けています。お引き渡し後に、ホビールームに棚やハンガーなどを設置され、ウッドデッキもご自身でおつくりになられました。これからお子さんが大きくなって暮らし方が変わったら、またお気軽にご相談いただきたいです。

before/ after あえて構造用合板だけの施工で引き渡し。棚受けやポールの設置などは、ご主人様がDIYされました

CASE 11　子育ても趣味も楽しめる漆喰とウォールナットの家

当社の強み

1 人材を育て、定着させる環境づくり

新・徒弟制度で大工を育成

若い大工を育成するため1976年に「新・徒弟制度」を創設。大工希望者を社員大工として給与保障しながら5年間教育し、その後3年間は指導棟梁の下で経験を積みます。一人前の棟梁として契約できるかは、そのときの判断。「会社にとっては長い投資（橋本社長）だが、これにより、私たちのカルチャー・技術力・ビジネスマナーをしっかり浸透させています。

女性社員が多い

女性にしかない視点や気遣いを大切にしようと、女性を多く採用（17人中8人）。時短勤務など社員が働きやすい環境にも注力しています。

2 木造建築の高い技術力

設計事務所から名指しされる大工集団

新・徒弟制度により、社員・契約あわせて16人以上の大工が活躍しています。木造建築の高い技術力が信頼され、同業の設計事務所から、住宅や商業建築の依頼も多数あります。

伝統建築の継承と修繕を多く手がける

「樹齢千年の木を使えば、千年もつ建築をしなければならない」という宮大工の不文律を大切に、県内各地の伝統建築の修繕や補強を行っています。

ISO9001を取得

ISO9000シリーズ（品質管理に関する規定）を2002年に取得しました。

3 家守としての「覚悟」と「実行力」

地域貢献に取り組む

2018年7月の西日本豪雨災害後には、広島県工務店協会の主幹事工務店として県の復興事業である30数戸の応急仮設住宅（三原市）を施工しました。またJBN（全国工務店協会）の会員として熊本地震や他県の災害復旧にも応援に駆けつけました。また、先代から保管しているデータをもとに、700件以上ものお客様に、災害によるお困りごとがないか社員総出で電話フォローを行いました。

私が担当します！

営業部
田村 はる香
出身：竹原市生まれ、呉市育ち（旧豊田郡）
学歴：呉工業高等専門学校　建築学科卒業
資格：2級建築士、住宅ローンアドバイザーなど
趣味：漫画を読むこと、実家の猫を愛でること

● 営業のお仕事内容を教えてください

お客様のお住まいに対する思いをお聞きして、お引き渡しまでご一緒するのが仕事です。（1）予算（2）土地（3）建物についてご要望をうかがいながら、専門家につなぐ「交通整理役」としてお施主様のサポートをします。
また、ご予算計画をご理解いただくことから始まり、ご要望とご予算の調整はもちろん、趣味、休日の過ごし方、アレルギー・健康情報などもお聞きして社内で共有します。それらを良いプランニングと、円滑な工事に役立てます。

● お仕事のやりがいは？

前職は、設計事務所で図面を書くだけの仕事でした。当社では、営業もお客様と一緒に、数か月以上（時には数年）かけて一つの形をつくっていきます。仕様変更が20回もあった大変な現場もありましたが、お引き渡し時にご満足いただけたお客様の姿を見ると、大変さは一気に吹き飛びます。

社長のポリシー

当社の家は、断熱や耐震などの数値だけでなく、基準はクリアしながら「住みごこち」や「メンテナンス性」にもこだわっています。また「大工さんの腕を活かした」技術力の高い家づくりも目指しています。お客様には、流行を知っていただいた上でご自身の2、30年後をイメージしていただくようお話ししています。
長期優良住宅は70年以上が前提。世代を超え家は引継がれます。当社が創業して147年。私で五代目。これからも地域コミュニティが続く限り、家守として地域のお困りごとにお応えしていきます。

1972年生まれ。広島市安佐南区出身。福岡の大学に進学後、建築系の専門学校を経て、ハウスメーカーで7年間営業職に就く。橋本建設に入社後は、経験を元に営業部を立ち上げ、2010年から現職に。趣味はものづくりと、B級玩具収集。設計士の奥さまと、息子さんの3人暮らし。「共働きなので家事も分担します。座右の銘「為せば成る。為さねば成らぬ何事も」

代表取締役
橋本　英俊

マスダランドビル(エムズホーム)

本社:三次市十日市東3-3-22
☎0824-62-5511　FAX:0824-62-1525
https://mshome.tv

- 事業内容：工務店、設計、施工、家具販売
- 取扱工法：木造軸組工法
- エ リ ア：三次市、庄原市、安芸高田市
- 創　　業：1967年
- 従業員数：12名(うち建築士2名、建築施工管理技士2名)
- 許可登録：建築業<広島県知事認可(般-28)第15560号>、宅地建物取引業<(14)第1258>
  　　　　　建築士事務所登録<広島県知事登録18(1)第2531>

CASE 12 アメリカンテイストのインテリアで

相談内容

夏は暑くて冬は寒く、年間で30度以上の気温差がある三次市。厳しい気候の中だからこそ「冬暖かくおしゃれな暮らしをしたい」と要望されていました。当社の事務所1階の家具屋の煉瓦(れんが)風の壁をとても気に入られたことから、LDKの壁に造形モルタルをつくらせていただきました。

キーワード　○インテリア　○寒さ暑さ対策　○造形モルタル　○工務女子

こんな家になりました

住まいもインテリアも、トータルでコーディネート

夏は涼しく冬は暖かくという、暮らしやすさの理想がかなった家になりました。
住みやすさとおしゃれが同居する、快適な暮らしがここにあります。

シンプルな白い壁がおしゃれな外観

家具までトータルコーディネートされたインテリアが特徴

- 面積：土地305.44㎡、延床113.28㎡
- 工期：3カ月半
- 費用：2250万円
- 工法：木造軸組工法

おしゃれな住空間

新築

インテリアとともに理想の住まいを追求

ドアの色や扉の取っ手など、ヴィンテージな雰囲気もたっぷりと漂わせました。

おしゃれなキッチンで料理も楽しく。「キッチンに立つだけでウキウキしてしまう」がコンセプトです。

木のぬくもりがおしゃれなキッチン

洗面所の鏡、カランなど、小さなものにも妥協せず、お気に入りをお客様へ提案させてもらいました。

お施主さんに聞きました［三次市B様邸　4人暮らし］

煉瓦風の壁を眺めながら、快適生活を送っています

リビングにつくってもらった煉瓦風の壁は、見た目も素敵で大変気に入っています。もちろん、冬に暖かい家のつくりにも、大変満足しています。

CASE 12　アメリカンテイストのインテリアでおしゃれな住空間

▶ ケーススタディ
担当者に聞きました

専務取締役　小谷 幸裕

1975年三次市生まれ、広島工学院専門学校卒業。広島市内のゼネコンで現場監督を経験し、三次市内で工務店勤務後、高気密高断熱の住宅づくりと、家具付きのトータルコーディネートな家づくりをすすめています。

三次市ならではの寒さ・暑さ対策について教えてください

三次市の冬の早朝は、盆地特有の放射冷却によって冷え込みが激しくなります。気候条件の厳しい三次市での家づくりなので、特に性能を重視しました。冬はすぐに温まって冷めにくい、夏はエアコン一つで家中がすぐに涼しくなるよう、断熱・気密・換気・通風などのバランスを考えました。家の窓はすべて「Low－E」の日射取得型の窓を設置。日照時間の短い冬に太陽からの熱を室内に取り入れ、つくった熱を逃がさない保温重視の工夫をしました。そのため、真冬でもエアコンだけで十分暖かく過ごせます。さらに、計画的に家の空気を入れ替える第一種換気システムも採用。夏は北西方向から吹く風をキャッチして室温が下がるよう、風の出入口を考えて窓の配置を検討しました。

インテリアで、こだわられた点はありますか？

今回は、「新しいのに懐かしい60's stage」を採用しました。60年代のアメリカのアパートを連想させるインテリアはクールで懐かしく、古着やカジュアル好きな人が憧れるスタイルです。どこか心地よさのあるカジュアルスタイルがコンセプト。あえて内装はシンプルにし、家具とそこに住まう人が主役となるよう工夫しました。何年経ってもおしゃれでかっこ良く、まるで家具屋さんにいるように暮らせる家になりました。

家具や照明など、インテリアのコーディネートもしていただけるのですか？

せっかく家を建てたのだから、好きなインテリアに囲まれて暮らせるよう、家具や照明などのコーディネートも一緒におすすめしています。プラン作成時から家具や照明、インテリアも同時にコーディネート。今回は、ヴィンテージ風のテーブルにデニム地のソファ、リビングのペンダントライトはインダストリアルな雰囲気のものを採用しました。

リビングで何かこだわられたことはありますか？

モデルハウスの「造形モルタル」を気に入っていただいたので、今回のリビングの壁に施工しました。モルタル造形とは、造形モルタル（砂と水とセメントを混ぜたもの）を使って外観をつくる技術のこと。モルタルを削って塗装し、煉瓦風の壁をつくりました。さらに、割れた煉瓦のように見せる工夫もしました。

割れた煉瓦風の壁

奥様が手伝われる様子

 「工務女子」が活躍されているとお聞きしましたが？

弊社では、工務店で活躍する女性スタッフを「工務女子」と呼んでいます。女性が家事をしやすいように、女性好みのインテリアを、女性ならではの目線での間取りは、などの悩みに親身になって相談に乗ります。女性の思いを女性ならではの目線で、どうやって形にするかをお手伝い。お客様からも大変好評をいただいています。

工務女子の高本さん（左）と立野さん（右）

社長のポリシー

会社を継いですぐに先代を亡くし暗中模索する中で、お客様の意向を尊重しつつも、プロとして相手のことを考えた提案に賛同してくれるお客様と、「愛着の持てる住まいづくり」を一緒に創造していくことが私たちの使命という結論に至りました。ただ単に「生活する家」から「暮らしをエンジョイする家へ」をコンセプトに、断熱や耐震などの自信の設計力・技術力、3つのオリジナルデザイン、60年保証や設備10年保証などの標準化により、健康・安心・安全・心豊かな暮らしを提案していきます。

1957年三次市生まれ。広島学院高等学校、千葉大学工学部卒業。東急不動産で現場監理や開発業務、三井不動産販売で販売業務を経験後、同社に入社。2005年5月より代表取締役に就任。趣味は読書と雑貨屋巡り、夢は妻を説得しての海外旅行。断熱リフォームした実家で、妻と愛犬、ウサギと暮らす。座右の銘は「命は吾より作す（めいはわれよりなす）」（安岡正篤氏）

代表取締役
増田 茂典

「広島県工務店協会」とは？

巻頭「家づくりのヒント」(8〜27ページ)で、工務店には「顧客の細かな希望を叶え、サポートする」という特徴があり、いわば「家づくりのマネージメント」役を担っていることがお分かりいただけたかと思います。それでは、「工務店協会」は何のためにつくられ、どのような活動を行っているのでしょうか？

■ 沿革や設立の目的を教えてください

1980年に設立され、2013年に現在の一般社団法人に改組し、今年で39年目を迎えます。工務店は、元来は「大工」が発祥の小さな組織のため、最新技術の発達や法律の改正などの進化に取り残される傾向がありました。こうした部分を工務店同士が団結して情報の収集や技術の研鑽・情報発信などを行って「地域の住生活に貢献していく」ことが設立の大きな目的です。

■ どんな組織ですか？

広島県内の工務店・約60社（右表）と、部材メーカーなどの賛助会員で構成される業界団体です。一般社団法人JBN・全国工務店協会と連携し、国が示す施策や家づくりの先進的な事例の情報共有などを行っています。また、広島県内の自治体・森林団体・住建団体などとも協力し、各地域のためのさまざまな事業を行っています。

■ 活動内容について教えてください

① **技術革新**
工務店のレベルアップのため、若手大工の技能研修や耐震診断・耐震改修資格者養成などを行っています。

② **最新情報の収集と分析**
中古住宅の流通を促進するための委員会や、工務店力を高めるための委員会および高性能住宅の研修会などを行い、地域の暮らしのサポートにつなげています。

③ **広報活動**
優良工務店としての会員紹介やホームインスペクションで気をつけたいことなど、住生活で役立つ情報の公開を行っています。

④ **災害時の協力**
災害時の応急仮設住宅の取り組みを、行政・関係団体と一緒に行っています。西日本豪雨（2018年）では、会員企業が中心となって応急仮設住宅（三原市）を31戸建設。広島県と災害時における応急仮設木造住宅の建設に関する協定締結および災害時における被災住宅の応急修理に関する協定締結をしています。

広島県工務店協会リスト　★＝本書掲載店

2019年 3月 現在

会社名	住所	電話番号
株式会社オキタ	広島市中区東千田町 2-3-17	082-243-1101
株式会社ジューケン	広島市中区光南 4-4-27	082-246-3741
株式会社岡田工務店	広島市東区牛田中 1-7-7 岡田中ビル	082-228-5322
株式会社あなぶき実重建設	広島市南区大州 3-6-3	082-281-2804
カオル建設株式会社	広島市南区仁保新町 1-7-22	082-288-7708
佐々木順建設株式会社	広島市南区東雲本町 3-5-20	0120-740-201
株式会社家達	広島市西区観音本町 1-3-16	082-233-1122
株式会社エヌテック	広島市西区大宮 2-13-7	082-509-5771
有限会社勝栄工務店	広島市西区田方 3-722-4	082-273-1320
★株式会社 KI works	広島市西区己斐上 2-69-16	082-881-1321
株式会社マリモハウス	広島市西区庚午北 1-17-23	082-500-8391
★株式会社木楽	広島市安佐南区伴中央 2-3-37	082-848-0215
株式会社シバタ建築工房	広島市安佐南区大塚西 3-9-40-6	082-848-4111
株式会社田村建設	広島市安佐南区伴中央 2-13-27	082-848-5110
★株式会社大喜	広島市安佐南区西原 3-13-12	082-875-3300
株式会社西本建設	広島市安佐南区伴中央 7-17-18	082-848-1020
★株式会社ハイランド・ハウス	広島市安佐南区山本 1-18-23	082-874-6747
★橋本建設株式会社	広島市安佐南区上安 1-1-29	082-878-1110
株式会社福正建設	広島市安佐南区上安 4-37-5	082-878-4555
株式会社フジ建設	広島市安佐南区大町東 1-7-11	082-876-3315
株式会社豊昇	広島市安佐南区伴中央 2-5-12	082-848-7711
株式会社池芳工務店	広島市安佐北区口田 3-33-14	082-845-5858
株式会社竹田敬奏建築	広島市安佐北区口田南 6-18-25	082-842-0217
フタミ建設株式会社	広島市安佐北区三入 2-25-5	082-818-3900
株式会社山村不動産開発	広島市安芸区矢野西 4-6-23	0120-826-282
旭ホームズ株式会社	広島市佐伯区五月が丘 2-8-26	082-941-1211
有限会社オカザキ住宅コンサルタント	広島市佐伯区八幡 4-5-5	082-928-9082
株式会社建築工社	広島市佐伯区八幡東 4-6-1	082-928-8010
株式会社ゴジョウ	広島市佐伯区石内南 1-21-11	082-941-7615
有限会社プラスワンオフィス	広島市佐伯区石内南 2-1-17	082-941-7015
永本建設株式会社	廿日市市新宮 2-14-12	0829-31-6655
★株式会社なごし住宅	廿日市市串戸 4-4-51	0829-32-1130
株式会社くすのせ	大竹市港町 2-6-14	0827-57-6066
株式会社朋建	大竹市木野 1-15-15	0827-53-1825
株式会社サンハウス	安芸郡海田町浜角 7-2	082-823-8324
株式会社竹野内建設	安芸郡海田町曙町 12-17	082-822-7711
松川建設株式会社	安芸郡海田町蟹原 2-1-16	082-822-3753
★株式会社幸住	安芸郡坂町平成ヶ浜 1-8-27	082-884-3888
株式会社オオサワ創研	呉市広文化町 6-4	0120-96-8490
株式会社小田原ハウジング	呉市広古新開 9-25-34	0120-927-793
ドヒハウス株式会社	呉市本町 3-19	0823-22-5475
★株式会社中谷建設工業	呉市中央 3-3-17	0823-21-2420
高橋工務店株式会社	呉市焼山東 3-4-13	0823-34-5585
株式会社井上工務店	東広島市福富町上竹仁 38	082-435-2578
豊北産業株式会社	東広島市河内町中河内 643-1	082-437-0788
豊北木材工業株式会社	東広島市西条町寺家 4853	082-422-3580
有限会社夢木房	東広島市八本松東 7-8-40	0120-96-7561
★株式会社加度商	尾道市栗原西 2-3-15	0848-22-2693
國本建築堂株式会社	尾道市西久保町 27-2	0848-38-9091
槙原建設株式会社	府中市高木町 1575	0847-45-5250
井上建設株式会社	福山市瀬戸町大字長和 2775	084-951-2522
有限会社コアハウス	福山市芦田町上有地 426-1	084-958-3111
坂本建設工業株式会社	福山市駅家町大字大橋 1005-1	084-976-4501
さくら建設株式会社	福山市千田町薮路 924-2	084-955-2201
株式会社ツカサ工務店	福山市神辺町大字新徳田 166	084-960-5070
株式会社古川	福山市駅家町大字法成寺 16-6	084-972-6124
★しおた工務店（有限会社塩田工務店）	安芸高田市甲田町高田原 1212	0826-45-3658
★株式会社ジール	山県郡北広島町有田 3413	0826-72-2292
有限会社土屋建材店	三次市甲奴町本郷 530-1	0847-67-2657
★マスダランドビル株式会社	三次市十日市東 3-3-22	0824-62-5511

一般社団法人広島県工務店協会▶広島市南区西霞町 2-31-601　TEL.082-256-3080　http://www.h-bn.jp/

センサー付き照明で、暮らしを便利&快適に!

最近、自動的に点灯・消灯するセンサー付きの照明が人気だと聞きます。ほとんどの新築住宅で導入され、リフォーム時に付け替える人も多いとか。取り付けるメリットとデメリット、おすすめの設置場所などを丸一電設工業の山本さんに聞きました。

答える人

工務リーダー **山本 慎也**

丸一電設工業有限会社
所在地：尾道市新高山3-1170-204
http://maruichi-densetsu.jp/
個人住宅からマンション、公共施設まであらゆる規模の電気設備工事を手がける。小口の個人のお客様にも対応している。従業員数16人、売上2億円(2018年)。

● センサー付き照明とは?

センサー付き照明とは、人や明るさに反応して自動的に点灯・消灯する明かりのこと。必要なときだけ点灯するため経済的で、つけ忘れや消し忘れの心配がありません。スイッチ操作が不要なので、荷物で手がいっぱいのとき、夜間のトイレ時などもパッと明かりが点灯し、非常に便利です。価格も通常の照明とほとんど変わらず、唯一のデメリットはたまに誤作動があるぐらいですね。

● どこに取り付けると便利?

センサー付き照明は、基本的にどの場所でも取り付けることができますが、おすすめは廊下や玄関ホール、寝室の足元灯。自然な明るさで、しっかりと足元を照らしてくれます。実際に取り付けたお客様からは「夜、トイレへ行くとき、安心して歩けるようになった」「光がまぶしすぎないので目にやさしい」と喜んでいただいています。また、玄関ポーチやガレージなど屋外に人感センサーを取り付ければ、防犯にも役立ちますよ。

● 注目の足元灯を教えてください。

東日本大震災や西日本豪雨など、ここ10年で日本は数多くの自然災害に見舞われました。個々の防災意識も高くなり、照明一つ取っても、もしものことを考えて選ばれる傾向にあります。今、注目されているのが、普段はナイトライト、停電時は保安灯、非常時は携帯電灯として使える足元灯。人ではなく、周囲の明るさにセンサーが反応し自動点灯・消灯するタイプで、廊下、階段、寝室、リビングなど幅広く活用されています。

快適な暮らしのために ── 丸一電設工業

● 屋外用はどんなものがありますか？

　ガレージ、玄関ポーチ、ガレージから玄関までのアプローチなどに人感センサー付き照明を付ける人が増えています。人や車が近づくと明るくなるので、「夜間の車庫入れがスムーズになった」「防犯対策にも最適」といった声も。お気に入りのデザインの照明器具をセンサー付きにすることもできますので、お気軽にご相談ください。

ガレージのセンサー。人や熱（車）に反応し、照明が点灯します

防犯対策にも

こちらもCHECK！

古民家リフォームでの電気配線

　当社のある尾道は、古民家リフォームの町として注目を集めています。古民家を再利用した店が続々とオープンし、個人でも古民家をリフォームして暮らす人が増加。でも古民家の場合、最近の建物とは異なり、電気の配線を壁や天井の中に隠すことが構造的に難しくなります。

　水尾之路様の施工時には、「極力、配線を隠したい」との要望に合わせ、壁を一度はがし張り替える作業を行いました。さらに天井の配線を隠すカバーを黒色にして、より目立たないように仕上げています。

　照明器具やスイッチは、お客様自身がこだわって用意されたもの。外国製もあり配線に苦労しましたが、古民家のレトロな雰囲気に溶け込んでいて素敵ですね。

築80年の古民家を改装したカフェ＆宿「水尾之路」
（尾道市西久保町）

天井の配線を隠すカバーを黒色にして、落ち着いた雰囲気に

スイッチ

三大産地の一つ「石見」で聞く──石州瓦の魅力

現在、自然災害が頻発する中、優れた耐久性や経済性から、粘土瓦が再び注目を集めています。そこで、三州（愛知県）、淡路（兵庫県）と並ぶ日本三大産地の一つ、石州瓦（島根県）について製造メーカー6社で構成する石州瓦工業組合（江津市）に聞きました。

答える人
専務理事　佐々木　啓隆
石州瓦工業組合
所在地：島根県江津市嘉久志町イ405
http://www.sekisyu-kawara.jp

● 石州瓦とはどんな瓦でしょうか？

石見地域（＝石州）で採れる粘土を原料として、約400年前（江戸初期ごろ）に発祥した瓦です。北前船などを使い日本海沿岸から九州まで日本全国で普及しました。今でも、厳冬の北海道や台風の通り道である九州でも多く使われています。夏は暑く、冬は積雪にさらされる中国地方の山間部で見られる赤い屋根は、ほとんどが石州瓦です。

石州瓦
「釉薬いぶし色」の家
写真提供：橋本建設（株）

● 石州瓦のすごさとは？

最大の特長は、1200℃以上の高温焼成です。これにより、凍害の原因である水分の侵入をカットするとともに、色褪せや色ムラが起こりにくく、衝撃にも強い瓦なります。

石州瓦工業組合では、第三者機関などと共同で20項目を超える試験や実験を実施し、石州瓦の屋根材としての性能や品質を科学的に分析して右記のような強みを公表しています。

屋根材に求められる基本性能

1. 防水／雨に強い
2. 耐風圧／風に強い
3. 耐震／地震に強い
4. 耐久性／寒さに強い、塩害に強い、酸性雨に強い、腐食・変色しにくい
5. 防火／炎に強い
6. 耐衝撃／破壊に強い

快適な暮らしのために── 石州瓦工業組合

● **瓦屋根って高いイメージがありますが。**

初期費用のみを考えるとそうかもしれませんが、トータルでは高くありません。粘土瓦の耐用年数は約60年。メンテナンス費用まで含めて考えると、新築から20年間でかかる費用の試算では、金属屋根との差はなんと51万円。長いスパンで見れば、コストパフォーマンスは高くなります。また、ほぼメンテナンス・フリーなので工事の段取りなど煩わしさもありません。

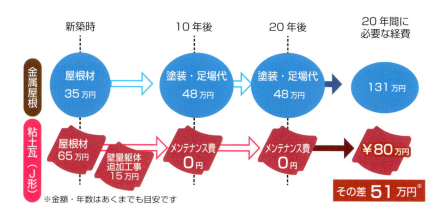

※金額・年数はあくまでも目安です

● **赤や黒の和瓦以外にも種類があるのでしょうか？**

実は、和瓦だけでなく、洋風の家にも合うS瓦やフラットな平板瓦もあり、ソーラーパネル対応型といった形に加え、色も豊富にラインアップされています。

銀黒系　ブラック系　ブラウン系　いぶし銀系　グリーン系
カラーバリエーション

また、屋根材としてだけでなく、壁や床材としての活用も進み、リッツカールトン東京（東京都）などでも採用されています。

私たちがつくる瓦は、皆様の生活の安全を守り、街の景観をつくる要であると自負し、日々精進しています。屋根の葺き替えや新築に、ぜひ「石州瓦」をご用命ください。

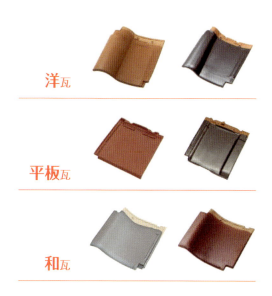

洋瓦

平板瓦

和瓦

「木と暮らす───木製玄関ドアの魅力」

玄関は家の顔。ドアひとつで印象が変わるので、木製か金属製かは悩みどころ。最近注目されている、木製玄関ドアの魅力とは？ 前身は建具業で、現在は木製玄関ドアメーカーとして95年の歴史がある、ユダ木工の湯田さんに聞きました。

答える人

代表取締役 **湯田 卓**

ユダ木工株式会社
所在地：廿日市市木材港北7-28
https://www.yudawood.com/
1924（大正13）年創業。木製の高性能な玄関ドアや室内ドア（開き戸・引き戸）、木製サッシの製造販売。従業員37人。

● 木製玄関ドアの魅力とは？

京都や奈良の街並みに私たちは心惹かれます。年を重ねてこそ雰囲気のある、本物の佇まい。その心地よさ、経年の美、手入れしながら永く使うことをコンセプトにした木製ドアを、ユダ木工は作っています。

ユダ木工の木製玄関ドアは性能面でも高い評価をいただいております。日本の定める断熱性能基準において、開き戸・引き戸ともに最高ランクのH-5等級をクリア。新製品の「超断熱ドア」では世界規準の高断熱性能、Uw値＝$0.82W/m^2k$を実現しました。

本物の素材だけが持つ「経年美」がその魅力

木材の熱の逃がしにくさはアルミの1700倍。木は本来とても優れた素材なのです。木のもつ魅力や性能を最大限に活かす工夫で、日々製品開発を行っています。

● 材料へのこだわりは？

日本の森は、人の手で管理することで成り立っています。2005年、国内の森林環境が危機的状況にあることを知り、当社は国産材を使ったドアづくりの研究を始めました。そして2011年に発売したのが、国産ヒノキを使った「MIYAMA桧 玄関ドアシリーズ」。それから徐々に国産材にシフトし、現在85％の玄関ドアに地元のヒノキを使っています。

山から川、海へつながる水の循環の中で、中山間地域の農産物や瀬戸内の海産物にも、森の恵みがもたらされています。ヒノキは優れた木材であるだけでなく、地域の豊かな環境を支えているのです。

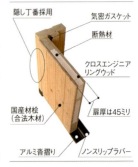

MIYAMA桧シリーズの断面図

木を扱う地元企業として、里山の木を活用し、地域の環境を守っていきたいと思っています。

快適な暮らしのために── ユダ木工

● ヒノキの魅力についてもう少し教えてください。

　当社が使っているヒノキ材は、戦後植林された樹齢70〜80年の木です。ヒノキ材は、構造用材にも使われるほど強度があり、古くは法隆寺の柱にも使われています。木材の表面はちょうど良い硬さで、木目は緻密。使い込むほど味が出てきます。また、香りにはリラックス効果があり、割れや反りが少ないのが特徴です。

　ヒノキには高いイメージがあるかもしれませんが、当社では丸太ごと仕入れて全て使い、材料の無駄をなくしコストを抑えています。仕入れた丸太は製材して端材を粉砕し、木を乾燥させるボイラーの燃料に利用しています。

　節は職人が丁寧に節埋め処理をし、木そのままの姿を生かしてドアをつくります。手間をかけても「地域で育った木材を無駄なく丸ごと使って暮らしに生かし、木の命を循環させることが地球を守ることにつながる」という信念に基づいて、製品をつくっています。

丸太ごと仕入れ、無駄なく使う

丁寧に節埋め作業を行う

● 木材の反りや歪みについては?

　木材の乾燥技術が品質を大きく左右します。当社では、蒸気式木材乾燥機で温度と湿度を徹底管理し、1週間〜10日かけて乾燥させています。それでも木材は天然の素材なので、多少の反りなどが出ることがあります。これに十分対応できるよう、蝶番や靴摺※などの調整機能を充実させています。

※靴摺：ドアの下枠

● メンテナンスはどうすればよいのですか?

　塗装には木材の調湿機能を妨げず、質感も自然に仕上げられる、植物油ベースの含浸塗料を採用しています。この塗料の大きな利点は、重ね塗りで簡単にメンテナンスができることです。

　ご購入いただいたお客様にメンテナンス用のキットをお渡ししています。附属の「クリアワックス」を数年に一度塗布することで撥水効果が保たれます。カビや軽微な割れの発生・進行を防ぐ効果もあります。

　ときどき手入れをしながら、本物の木製ドアのある豊かな暮らしを楽しんでください。

メンテナンスの様子

メンテナンスキット

木の力を引き出し、適材を適所に

広島県の住宅関連データ（2018年）によると、木造の新設住宅着工数は住宅総戸数の約6割。木造の家は根強い人気があり、「温もり」や「安らぎ」を感じる人は多くいます。この木の持つ力について、大竹の老舗材木商、小城六右衛門商店の小城さんに聞きました。

答える人

会長
小城 林勲

代表取締役社長
小城 貴嗣

株式会社 小城六右衛門商店
所在地：広島県大竹市玖波2-7-3
http://ogirokuemon.com/
1872（明治5）年創業。国産・外国産の材木卸および小売、製材業を営む。木造住宅の保護に役立つ、世界の優良な住宅資材も取り扱う。従業員20人。会長は、公共建築物への木材活用を推進するために設立された広島西部木材振興協同組合の理事長も務める。

● 住宅建材としての木材についてお聞かせください。

昭和40年代に入ると高度経済成長の波に押され、住宅の建築ラッシュが始まりました。この頃は、住宅といえば「木造住宅」が一般的。化粧材や構造材に使う樹種の選択（マツ、スギ、ヒノキなど）から始まり、多くは材木屋と大工の棟梁が直接相談して、手刻み加工で建てていました。必然的に、川下域（需要層）から川上（山林地域）への注文も活発で、山林経営の維持に必要な利益が確保できていたのです。

ところが外材が輸入され、大型製材工場の登場で大量生産によるコスト削減が始まると、国産材はついていけなくなり、材価も低迷。再植林などに十分な予算が保てず、山の機能維持を大きく見直さなければならなくなりました。

● そんな状況を変えていこうとされているのですね？

製材工場の大型機械化や、プレカットと呼ばれる機械による加工などで、山に向かう材木屋の足も遠のき始めていました。それでも国産材を見捨てられず材木屋（川下）と林業家（川上）仲間で共通の課題について取り組む中で、「葉枯らし乾燥」という木の乾かし方があることを知ったのです。この乾燥法によって「木の力」の凄さに驚かされ、これはもっと意識的に皆さんに説明していかなければとの思いで、活動を始めました。

最近の地球規模での異常気象の克服には山の適切な管理が不可欠です。さらに、立春・立秋・新月・満月などと木は大きな関わりを持っていることを材木屋として学び直し、「木の力は地球を救う」という思いを共有して、一人ひとりが考えるようになりました。

旧佐伯郡の山を調査してみると立派なスギやマツがあり、あと10〜20年もすればヒノキも豊富になることを知って、葉枯らし乾燥方法によるスギの製品を一部使ってきました。ただ伐採に時間がかかり商品も外材に比べて経費高で、また伐採職人の高齢化もあり、生産量の減少は余儀なくされています。

しかし、非住宅の建設現場では使用材積が多いので、公共事業の物件に地域材を利用することで山林地域の活性化を促進しようと、行政当局に働きかけています。

快適な暮らしのために──　小城六右衛門商店

●「葉枯らし乾燥」について、もう少し具体的に教えてください。

「葉枯らし乾燥」とは、伐採した木をすぐには搬出せず、葉を付けたまま山中で乾燥させる方法です。10月頃から翌年3月頃までの間、山の木は樹幹にある水分が最も少ない時にあたり、この間に伐採された木は、自らの力と判断で樹幹の水分を減らしたり、葉による光合成で水分蒸発が活発になる機能を持っています。したがって、この時期に葉を付けたまま伐採された木の葉は、半年もすると樹幹にあった水分が減少し始め、葉の光合成機能も減退し、緑色から枯れた状態の茶色に変化していきます。

この乾燥方法は九州や紀州あたりだけでなく、佐伯郡の山の一部でも実際に行われていました。木は一本一本、保有する精油の量や水分の量が異なります。山で伐採された時、自然の力によって木それぞれの能力に頼ることで、逆に均一化された乾燥材に仕上げられていくのです。

「葉枯らし乾燥」

葉枯らし乾燥のあとに自然乾燥

● それぞれの木の力を上手に利用するために、適した場所がありますか？

一例ですが、ヒノキは強度があって硬く、防腐・防虫機能に優れています。シロアリに強いので、土台や柱、梁などの構造材に向いています。スギの心材（赤身の部分）は湿気に強く腐りにくいため、台所や浴室などの水周りに適しています。また香りに鎮静効果があり、内装材や化粧材として使われることが多いです。クスノキは防臭・防腐効果があり、トイレにも適しています。モミの木は、抗菌作用があり防臭効果も高いため、床材に向いています。また弾力があるので転んでも怪我しにくく、お年寄りやお子さんのおられる住宅におすすめです。ただ日本の生産量は少なく、ドイツのシュバルツバルト「黒の森」の天然更新されている木を使用します。

● 国産材だけでなく外国産も扱われるのですね。

地域によって土壌や気候は違いますから、住宅建築の際、可能であればその地域で育った材木を使うのが自然だとは思います。ですが、木の成長や構造上のスパン、費用などを考えると、地元材だけでは供給に限界があります。そのため地元材以外では、県産材のほか国内全域、ひいては世界中の木材から本当に良いものを見極め、工務店さんのニーズにお応えしたいと思います。

また木造の家を守るための資材も、納得のできるものを世界中から取り入れています。現在は、植物油から作られた自然塗料や、調湿性、放熱・蓄熱性が高く、強い殺菌作用を持つスペイン漆喰などを扱っていますが、ほかにも良いものがあればご紹介していきます。

自然塗料（osmoカラー）

- ■装幀／スタジオ ギブ
- ■イラスト／やのひろこ
- ■本文ＤＴＰ／岡本祥敬（アルバデザイン）
- ■図版／岡本善弘（アルフォンス）
- ■取材・執筆／桂 寿美江　井川 樹　入江太白利　中谷奈奈
　　　　　　　五庵保典　野村恵利子　山崎亜希子　池田真一郎
- ■企画・販売促進／岡崎 茂　池田真一郎
- ■編集／橋口 環　石浜圭太　本永鈴枝
- ■協力／一般社団法人広島県工務店協会

＊本書の編集にあたり、工務店ならびに関係者の皆さまから
　多大なるご協力をいただきました。お礼を申し上げます。

ひろしま 長ーく付き合える地元の優良工務店

2019年4月30日　初版第1刷発行

編　著／南々社 住まいの研究会
発行者／西元俊典
発行所／有限会社 南々社
　　　　広島市東区山根町 27-2　〒732-0048
　　　　TEL　082-261-8243
　　　　FAX　082-261-8647

印刷製本所／株式会社 シナノ パブリッシング プレス
＊定価はカバーに表示してあります。

落丁・乱丁本は送料小社負担でお取り替えいたします。
小社宛にお送りください。
本書の無断複写・複製・転載を禁じます。

©Nannansha,2019,Printed in Japan
ISBN978-4-86489-096-0